Mahatma Gandhi

Worte des Friedens

Mahatma Gandhi

Worte des Friedens

Herder
Freiburg · Basel · Wien

Herausgegeben und eingeleitet von
Maria Otto

Die Auswahl erfolgte mit freundlicher Erlaubnis
des Navajivan Trust

11. Auflage

Umschlaggestaltung: Hermann Bausch
Herstellung: Clausen & Bosse, Leck
Gedruckt auf umweltfreundlichem,
chlorfrei gebleichtem Papier
ISBN 3-451-23862-4

Inhalt

Einleitung

Die Welt ist von Sorge verdunkelt, der Frieden ist bedroht, und selbst die Wege zum Frieden liegen im Dunkel und führen zum Streit. Jedes Wegzeichen, das aufleuchtet, ist wichtig, und Gandhi ist ein solches Zeichen, das für den Frieden steht, von einer Reichweite und Leuchtkraft, wie nur wenige Menschen sie haben.

Dabei ist Frieden nicht einmal das von ihm angezielte Grundwort. Wahrheit, Reinheit, Menschenwürde, nationale Unabhängigkeit sind seine Anliegen. Sein Weg aber ist die Gewaltlosigkeit (Ahimsa = Nicht-Gewalt), die ihm so heilig ist wie die Wahrheit, sie ist ihm Wahrheit im Vollzug.

War für Gandhi die *Gewaltlosigkeit* Bedingung und Weg zur Erreichung seiner Ziele, vorab der Befreiung Indiens, so ist sie für uns Bedingung und Weg zum Frieden. Gandhi hatte es lebenslang schwer mit seiner Theorie, die in der Praxis von einem Problem ins andere geriet. Wenn wir es unserseits schwer damit haben, können wir an ihn denken, und wir haben allen Grund, die Ohren zu spitzen, wenn die »große Seele«, die Mahatma Indiens, zu uns spricht und uns vor Gewalt warnt, die uns aus eigenen Händen bedroht.

Frieden – das ist die Berufung unserer Zeit. Es ist in der Geschichte der Menschheit absolut neu, daß die weltweite öffentliche Meinung zumindest grundsätzlich Krieg als Mittel zur Konfliktlösung für überlebt hält. Erst im Gluthauch äußerster Gefahr ist das Denken des Friedens so schleunig gereift.

Das christliche Abendland hätte es schon lange wissen müssen, daß Frieden ein Gut ist, dem man nicht erst in der Angst vor allgemeiner Vernichtung nachjagt, sondern an dem sich das Menschsein wie das Christsein entscheidet. Lassen wir uns also vom Hinduisten Gandhi die Bergpredigt einsagen, die er geliebt hat, wiewohl er nie Christ werden mochte. Die Idee der Gewaltlosigkeit fand er bereits unüberbietbar in den heiligen Schriften Indiens begründet – wenn vielleicht auch mit anderer Gewichtung im Ganzen.

Wieviel oder wiewenig wir von der Weisheit Indiens verstehen mögen, dem Gemeinsamen können wir uns nicht verschließen. Haben wir zweitausend Jahre lang den Frieden der Bergpredigt weginterpretiert, als sei der »innere« Friede eines und der »äußere« Frieden ein anderes, so hat Gandhi durchdringend gewußt, daß beides eins ist und daß gerade dieses Einssein unerhörten Mut braucht.

Gewaltanwendung nannte er das »Gesetz der Bestie«. Gewalt ist Betrug am Dasein des Lebenden, das Sich-Vergreifen, der verkehrte Weg, den die Menschheit seit Menschengedenken ging. Gandhi ruft die Menschen zur Gewaltlosigkeit zurück, die für ihn nicht utopisch, sondern die *Wahrheit* des Seins ist.

Seine Ermordung hält uns das grelle Paradox vor Augen, daß der Gewaltlose die Gewalt zu dulden hat, gegen die er angetreten ist. Nicht-Gewalt wird schnell zur Gegen-Gewalt, und auch Gandhi konnte gelegentlich im Widerstand gegen Gewalt Feuer fangen. Das Beeindruckende an seiner Persönlichkeit ist die elastische Bereitschaft zur Selbstkorrektur im praktischen vorgehen, die ständige Rückkoppelung an das, was er die Wahrheit nannte.

Gewaltlosigkeit wird zur *Furchtlosigkeit* und gewinnt ihre Stärke nur aus dem Glauben, daß die Wahrheit dieser unserer Welt nicht das Morden, sondern die Gemeinschaft des Lebens ist. Dieser Glaube enthält in sich schon den Frieden, den er zu schaffen entschlossen ist.

Gandhi war in seiner Jugend so schüchtern, daß er in der Gesellschaft oder vor einer größeren Anzahl Menschen nicht den Mund aufbekam und noch als Rechtsanwalt in der Gerichtsverhandlung, kaum daß die Reihe an ihm war, angstzitternd davonlief. Er wußte, was Furcht ist, wenn er später die Menschen unermüdlich mahnte, sie zu überwinden. Er hat sich ein Leben voller Leiden zugemutet, aber was es strahlend machte, war »satyagraha«, das Festhalten an der Wahrheit, die ohne Gewalt ist. Diese Wahrheit »von unbeschreiblichem Glanz« war für ihn Gott.

Ein Glaube, der die Gewaltlosigkeit zum Inhalt hat, kann nicht anders als aktiv eingreifen ins Weltgeschehen. »Wer behauptet, Religion habe nichts mit Politik zu tun, weiß nicht, was Religion bedeutet«, schreibt Gandhi zum Schluß seiner Autobiographie.

Mohandas Karamchand Gandhi wurde am 2. Oktober 1869 in Porbandar auf der Halbinsel Kathiawar geboren, studierte Jura in England, reiste im April 1893 zur Behandlung eines Rechtsfalles nach Südafrika, ohne zu ahnen, daß er noch vor Ablauf eines Jahres eine führende Rolle im politischen Handeln übernehmen würde, zunächst im Einsatz für die Menschenrechte der in Südafrika lebenden Inder, ein Vierteljahrhundert später für die Befreiung Indiens: gewaltfrei organisierter Widerstand, der von Erfolg gekrönt wurde – und doch beging Gandhi den Tag der Befreiung Indiens, den 15. August 1947, in Trauer. All sein langes Mühen um Einigung der hinduistischen und islamischen Volksteile war vergeblich gewesen, das Land war zerrissen. Am 30. Januar 1948 wurde Mahatma Gandhi auf dem Weg zum Abendgebet von einem fanatischen Hindu ermordet.

Unvergeßlich blieb in der Erinnerung seiner Freunde der bescheidene Mann, »dessen Augen oft voller Lachen und dennoch Brunnen unergründlicher Traurigkeit waren« (Nehru).

Seine menschlich ergreifendste Großtat war der Kampf für die *Befreiung der Unberührbaren*, der Parias der indischen Kastengesellschaft. Gandhi hat diese Rechtlosen im Gegenzug zu der ihnen angetanen Erniedrigung »Kinder Gottes«, Harijan, genannt und – eine unerhört aufreizende Handlung – eine Familie von Unberührbaren in seine Wohngemeinschaft aufgenommen.

Freiheit *oder* Frieden, das ist keine Alternative, wenn Freiheit durch Gewalt »unwahr« ist, und wenn der einzige Weg zum Frieden nur von solchen beschritten werden kann, die durch den Glauben an die gewaltlose »Wahrheit« von Furcht befreit sind.

I

Die Brücke: Wegmarken der Bergpredigt

1. *Der gemeinsame Geist*

Er hatte den Auftrag, mich zu verhaften... Ich nahm ein Lendentuch mit, zwei Decken und fünf Bücher: die Bhagavad Gita, das Liederbuch des Ashrams, das Ramayana, Rodwells Koranübersetzung und eine Ausgabe der Bergpredigt, die mir kalifornische Studenten einst geschenkt hatten in der Hoffnung, daß ich sie immer bei mir trüge. *Aus der Gefangenschaft*

Nachdem ich die wichtigsten Religionen, soweit es mir möglich war, studiert hatte, kam mir der Gedanke, es müsse einen Hauptschlüssel geben, der die allen Religionen zugrunde liegende Einheit erschließen könnte, sofern es sinnvoll und notwendig ist, eine Gemeinsamkeit zu entdecken. Dieser Schlüssel ist Wahrheit und Gewaltlosigkeit...

Solange wir nicht diese grundlegende Einheit verwirklichen, werden Kriege im Namen der Religion nicht aufhören. *Harijan, 13. 7. 1940*

Keine Staatsgrenzen können uns hindern, unseren Dienst auf unsere Nachbarn auszudehnen; diese Grenzen hat nicht Gott gezogen.

Young India, 31. 12. 1931

Mein Patriotismus ist nicht so beschaffen, daß er die übrige Welt ausklammert. Er begnügt sich nicht damit, anderen Völkern keinen Schaden zuzufügen, vielmehr hat er das Wohl aller im Sinn. *Young India, 3. 4. 1924*

Die Liebe zu meinem Vaterland will allen Völkern wahrhaft zum Besten dienen. Die Freiheit Indiens, wie ich sie auffasse, kann nie eine Gefahr für die Welt werden.

Wenn sie jedoch keine Gefahr für die Welt werden soll, dann dürfen wir nur gewaltlose Kampfmittel verwenden, um sie zu erringen. Wenn gewaltsame Mittel angewendet werden, liegt mir nicht mehr an der Freiheit Indiens; denn Gewalt führt nicht zur Freiheit, sondern zu verdeckter Sklaverei. *Young India, 3. 4. 1924*

Mehr und mehr gingen mir die unendlichen Möglichkeiten universaler Liebe auf.

Autobiography, 237

Ich kann die Abstriche nicht gutheißen, die man an der Bergpredigt zu machen pflegt. Im Neuen Testament finde ich nirgends eine Rechtfertigung des Krieges. *Aus der Gefangenschaft*

2. Glauben und Tun

So bete ich für einen Christen, daß er ein besserer Christ werde, für einen Moslem, daß er ein besserer Moslem werde. Ich bin überzeugt, daß Gott einst nach dem fragen wird und heute schon nach dem fragt, was wir sind, das heißt, was wir tun, nicht nach der Bezeichnung, die wir uns geben. Bei ihm ist Tun alles, Glauben ohne Tun nichts. Bei ihm ist Tun Glauben und Glauben Tun. *Aus der Gefangenschaft*

Demut bedeutet beharrliches Mühen im Dienst an der Menschheit. Gott ist immer im Dienst...

Wenn wir mit ihm eins sind, bedürfen wir der Ruhe nicht mehr; selbst unser Schlaf wird ein Tun sein. Denn nun schlafen wir mit dem Gedanken an Gott im Herzen. Dieses Nie-Ruhen bringt wahre Ruhe. In dieser fortwährenden Bewegung erschließt sich uns unzerstörbarer Frieden. *SW IV, 247*

Ich glaube nicht, daß Gottes Geist ein eigenes ausgesondertes Feld hat, in dem er wirksam ist. Vielmehr gestaltet er sich in dem aus, was wir alltäglich im Leben tun und vollbringen. So beeinflußt er das wirtschaftliche, soziale und politische Geschehen. *Young India, 1925*

Wenn Sie einmal die Existenz Gottes annehmen, dann ist die Notwendigkeit des Gebets unbezweifelbar. Seien wir nicht so überheblich zu versichern, unser ganzes Leben sei ein Gebet, und es sei daher überflüssig, bestimmte Gebetsstunden einzuhalten. Menschen, die unaufhörlich in Übereinstimmung mit dem Unendlichen lebten, haben sich diese Behauptung nicht angemaßt. Ihr Leben war wirklich ein fortwährendes Gebet, und dennoch beteten sie ausdrücklich zu bestimmten Stunden und gaben Gott ihr Treueversprechen. Erneuern wir dies täglich, und ich sage Ihnen, wir werden dann von allerhand Übeln im Leben befreit werden. *The Nation's Voice*

Das Gebet war die Rettung meines Lebens. Ohne Gebet hätte ich längst den Verstand verloren... Es war mir schlechthin notwendig, ich war in der Klemme: Ohne Gebet war es mir unmöglich, glücklich zu sein. Nach und nach wuchs mein Glaube an Gott, und im selben Maß steigerte sich mein Verlangen nach dem Gebet. Ohne es empfand ich mein Leben töricht und leer. *The Nation's Voice*

Wenn ich existiere, existiert Gott. Das ist für mich, wie für Millionen anderer Menschen, eine Wesensnotwendigkeit. Vielleicht liegt es Ihnen nicht, dies in Worte zu fassen, doch im Leben erfahren Sie es, daß es ein Teil Ihres Lebens ist. Ich bitte Sie nur darum, den verschütteten Glauben wiederaufzurichten. Dazu müssen Sie vieles von dem verlernen, was Ihren Verstand besticht und sie in Bann schlägt. Fangen Sie mit dem Glauben an, der auch ein Zeichen der Demut ist und ein Eingeständnis, daß wir nichts wissen, und daß wir weniger sind als Atome in diesem Universum. Wir sind weniger als Atome, sage ich, denn das Atom gehorcht dem Gesetz seines Seins, wir aber verleugnen im Übermut unserer Unwissenheit das Gesetz der Natur. Gleichwohl kann ich denen, die keinen Glauben haben, keinen intellektuellen Beweis liefern. *The Nation's Voice*

Die Yoga-Übungen sind mir fremd geblieben. Ich befolge eine andere Übung, eine, die ich in meiner Kindheit von meiner Amme lernte. Ich ängstigte mich vor Gespenstern. Die Amme sagte mir: »Gespenster gibt es nicht. Wenn du trotzdem Angst hast, so übe Ramanama.«

Was ich da in meiner Kindheit gelernt habe, gewann ungeheure Bedeutung für mein geistiges Firmament. Es ist eine Sonne, die in meine finsteren Stunden hereinstrahlt. Vergleichbares mag der Christ bei der Wiederholung des Namens Jesu erfahren und ein Moslem beim Namen Allah. *Harijan, 5. 12. 1936*

Jede Wiederholung des Gottesnamens hat einen neuen Sinn. Jede bringt einen näher zu Gott. Ich kann Ihnen versichern, das sagt Ihnen nicht ein Theoretiker, sondern einer, der in jeder Minute seines Lebens erfahren hat, wovon er spricht – so sehr, daß eher das Leben aufhört als dieser unaufhaltsame Vorgang. *Harijan, 25. 5. 1935*

Was den Menschen in seinen Prüfungen Halt gibt, kann er zu der Zeit nicht wissen. Ist er ungläubig, so wird er sein Heil dem Zufall zuschreiben. Ist er gläubig, so wird er sagen, Gott habe ihn beschützt... In der Stunde der Errettung weiß er nicht, ob seine geistige Disziplin oder etwas anderes ihm beisteht. Welcher Mensch, der sich seiner spirituellen Stärke rühmt, hat sie nicht bis in den Staub gedemütigt gesehen? Eine von Erfahrung getrennte

Kenntnis der Religion ist in solchen Augenblicken der Prüfungen wie Spreu. *SW I, 104*

Millionen von Hindus, Moslems und Christen finden den einzigen Trost ihres Lebens im Gebet. Vielleicht suchen Sie das Zeugnis zu entkräften durch die Unterstellung, daß es sich um Lügen oder Selbstbetrug handle. Nun, dann muß ich sagen, diese Lüge hat einen Zauber für mich, der ich ein Wahrheitssucher bin – wenn denn dieser Lebensstab, ohne den ich keinen Augenblick das Leben ertragen könnte, eine Lüge heißen darf.

Die Verzweiflung über die politische Lage mag mir ins Gesicht starren, doch meinen Frieden habe ich nie verloren. Ich habe Menschen getroffen, die mich um meinen Frieden beneiden. Nun, dieser Friede, kann ich Ihnen sagen, kommt mir vom Beten. *The Nation's Voice*

Ich spürte, daß das Gebet so unentbehrlich für die Seele war wie die Nahrung für den Körper. Ja, für ihn ist die Nahrung nicht einmal so notwendig, wie das Gebet notwendig ist für die Seele. Denn der Körper braucht oft das Fasten, um sich gesund zu erhalten, doch ein Gebetsfasten gibt es nicht. Sie können sich keinesfalls am Beten überessen. *The Nations's Voice*

Ich glaube an die Kraft des Gedankens mehr als an die Kraft des geschriebenen oder gesprochenen Wortes. Und wenn in der Bewegung, die ich zu repräsentieren versuche, Lebenskraft und über ihr der Segen Gottes ist, dann wird sie die ganze Welt durchdringen, ohne daß sie in allen Teilen der Welt physisch anwesend sein müßte. *Young India, 17. 9. 1925*

3. Wahrheit macht frei ...

Für mich mich ist Gott Wahrheit und Liebe. Gott ist Ethik und Moralität. Gott ist Furchtlosigkeit. Gott ist die Quelle von Licht und Leben, doch er ist über all dem und jenseits all dessen. Gott ist Gewissen.

Er ist ein persönlicher Gott für diejenigen, die seine persönliche Gegenwart brauchen. Er hat Gestalt angenommen für diejenigen, denen es not tut, ihn zu ertasten. Er ist reinste Wesenheit. Er ist nur für diejenigen da, die Glauben haben. Er ist allen alles. Er ist in uns und doch über uns und jenseits von uns. *Gandhi's View of Life*

Ich war ein guter Planer, da ich immer einen festen Zugriff für die Tatsachen hatte, was wiederum das Ergebnis meines genauen Achtens auf die Wahrheit war. *Satyagraha in Südafrika*

Nicht eine Einheitsreligion ist vonnöten, sondern gegenseitige Achtung und Toleranz der Gläubigen unterschiedlicher Religionen. Was wir erstreben, ist nicht öde Gleichschaltung, sondern Einheit in Verschiedenheit. Jeder Versuch, die Traditionen zu ersticken, die aus dem gemeinsamen Erbe stammen und von Klima und Umwelt bedingt sind, ist nicht nur zum Scheitern verurteilt, sondern ist ein Sakrileg.

Young India, 25. 9. 1924

Könnten wir die ganze Wahrheit schauen, so wären wir nicht mehr bloß Sucher, sondern eins mit Gott. Aber da wir bloß Sucher sind, suchen wir weiter, unserer Unvollkommenheit bewußt...

Ehrfurcht vor anderen Glaubensbekenntnissen muß uns nicht blind machen für ihre Irrtümer. Auch vor den Mängeln unseres eigenen Glaubens müssen wir uns in acht nehmen, und doch dürfen wir ihm deswegen nicht den Rükken kehren, sondern müssen sie zu überwinden suchen...

Toleranz ist nicht Gleichgültigkeit gegen den eigenen Glauben, sondern tieferes Verständnis für ihn, reinere Liebe. *SW IV, 240f*

Ich bin davon überzeugt, daß das Europa von heute nicht den Geist Gottes oder des Christentums verwirklicht, sondern den Geist Satans. Und der Satan hat den größten Erfolg, wo er mit dem Namen Gottes auf den Lippen auftritt. Europa ist heute nur noch dem Namen nach christlich. In Wirklichkeit betet es den Mammon an. »Leichter kommt ein Kamel durch ein

Nadelöhr als ein Reicher in das Reich Gottes.« Das sind Worte Christi. Seine sogenannten Anhänger messen ihren moralischen Fortschritt an ihrem materiellen Besitz. *Young India, 8. 9. 1920*

Wenn, soweit ich sehe, »Young India« zwar keine neue Politik, kein neues Vorgehen vertreten wird, so soll die Zeitschrift, wie ich hoffe, doch nicht altbacken werden. Das wird sie erst, wenn die Wahrheit altbacken wird. Ich wünsche mir, Gott von Angesicht zu Angesicht zu sehen. Gott ist, das weiß ich, die Wahrheit. Für mich gibt es nur einen einzigen Weg der Erkenntnis Gottes: Gewaltlosigkeit, Liebe.

Young India, 3. 4. 1924

Dem Menschen ist es nicht gegeben, die ganze Wahrheit zu erkennen. Seine Aufgabe besteht darin, sein Leben nach der Wahrheit zu richten, wo und wie er sie erkennt, und dafür die reinsten Mittel zu wählen, also die Gewaltlosigkeit. Wahrheit ist nicht in Büchern zu finden. Wahrheit wohnt in jedem Menschenherzen, und hier muß man sie suchen und sich von Wahrheit leiten lassen, wie man sie auffaßt. Aber niemand hat das Recht, andere zu zwingen, nach seiner Auffassung der Wahrheit zu handeln.

Gandhi's View of Life

Hang zum Übertreiben, zum Unterdrücken oder Verzerren der Wahrheit ist eine menschliche Schwäche. Wir können sie überwinden, wenn wir das Schweigen üben. *SW I, 91*

Die Wahrheit sollte der Atem unseres Lebens sein... Wer auf der Suche nach Wahrheit ist, kann die Richtung nicht verlieren. Schlägt er einmal einen Abweg ein, so wird er bald stolpern und dadurch auf den rechten Weg zurückgewiesen. *SW IV, 213.215*

... und Wahrhaftigkeit macht flexibel

Konsequenz – das habe ich schon oft gesagt, ist keine absolute Tugend. Wenn ich heute eine andere Einsicht habe als gestern, ist es dann für mich nicht konsequent, meine Richtung zu ändern? Ich bin dann inkonsequent meiner Vergangenheit gegenüber, aber konsequent gegenüber der Wahrheit... Konsequenz besteht darin, daß man der Wahrheit folgt, so wie man sie von Mal zu Mal erkennt. *Gandhi's View of Life*

Eine Praxis, die zu einer Zeit ganz gut war, könnte, wenn sie zu einer andern Zeit blind wiederholt würde, die Menschen in den Sumpf der Verzweiflung ziehen. *Young India, 8. 4. 1926*

Abtötung des Fleisches ist notwendig, wenn das Fleisch aufbegehrt; sie ist sündhaft, wenn das Fleisch gezähmt ist und in den Dienst gestellt werden kann. Mit anderen Worten, Abtötung des Fleisches ist kein Verdienst an sich.

Harijan, 2. 11. 1935

Im Leben kann man Gewalt nicht völlig vermeiden. Es fragt sich nur, wo die Grenze verlaufen soll, und sie ist nicht für jeden dieselbe. Wohl ist das Prinzip im Wesen eins, doch jeder wendet es auf seine Weise an. Dem einen ist Nahrung, was für den anderen Gift ist. Fleischessen ist für mich Sünde. Für einen anderen, der seit je von Fleisch gelebt hat und darin nichts Unrechtes fand, wäre es eine Sünde, wenn er es, nur um mich nachzuahmen, aufgäbe.

Im Namen von Gewaltlosigkeit zuzusehen, wie Tiere die Ernte verzehren, während Hungersnot herrscht, ist gewiß eine Sünde. Schlecht und gut sind relative Begriffe. Was unter bestimmten Bedingungen gut ist, kann schlecht oder sündhaft werden, wenn die Bedingungen sich geändert haben. *Harijan, 9. 6. 1946*

Menschen, die sich einen weiten Spielraum in der Ernährung leisten, können dennoch Ahimsa (Gewaltlosigkeit) verkörpern und unsere Hochachtung verdienen, wenn ihr Herz überströmend von Liebe ist und beim Leid des andern erbebt und von Leidenschaften frei ist. Andere dagegen, die es mit der Ernährung übergenau nehmen, bleiben der Idee der Gewaltlosigkeit fremd und sind für sie zu schäbig, wenn sie der Selbstsucht und den Leidenschaften frönen und ein hartes Herz haben.

Young India, 6. 9. 1928

Manch einer, der Fleisch ißt, aber mit jedermann in Gottesfurcht zu Tisch sitzt, ist der Freiheit näher als einer, der zwar Enthaltsamkeit übt in Fleisch und vielem anderem, zugleich aber Gott durch seine Taten lästert.

Ein Brahmane, der sich wegen seines Wissens über andere erhebt, beweist damit, daß er kein wahres Wissen besitzt. *Young India, 6. 10. 1921*

Ich bin mir meiner Unvollkommenheit schmerzlich bewußt, und in dieser Erkenntnis liegt die ganze Kraft, die mir zu Gebote steht, denn es ist selten, daß ein Mensch seine Grenzen kennt. *Young India, 17. 11. 1921*

Güte muß sich mit Verstand verbinden. Güte allein ist, wie ich im Leben erfahren habe, nicht viel wert. Man muß eine feine Unterscheidungsfähigkeit ausbilden, die mit Mut und

Stärke des Geistes einhergeht. In schwierigen Lagen muß man erkennen, wenn es Zeit ist zu handeln und wann, sich zurückzuhalten.

Ich suche nach Licht. Mich umgibt Finsternis, und doch muß ich handeln oder mich zurückhalten, wie mich die Wahrheit leitet. Mir scheint, es fehlt mir an der Geduld und Technik, die in diesen tragischen Verhältnissen gebraucht werden. Oft überwältigt mich Leid und Qual, und ich zehre an mir selbst. Darum habe ich meine Freunde gebeten, sie möchten doch die Last mit mir tragen, handeln oder sich zurückhalten, von der Weisheit geleitet, die wir jetzt brauchen wie nie zuvor. *Harijan, 12. 1. 1947*

Es wird nie gelingen, eine vollständige Darstellung der Gewaltlosigkeit zu schreiben... Ich kann nicht dafür garantieren, ob ich morgen das gleiche tun oder glauben werde, was ich heute tue oder für wahr halte... Der Mensch ist von Natur unvollkommen. Man kann ihn als nach dem Bilde Gottes gemacht darstellen, doch weit ist er davon entfernt, Gott zu sein. Gott ist unsichtbar, dem menschlichen Auge nicht erreichbar. Was uns zu tun bleibt, ist daher der Versuch, die Worte und Taten derjenigen zu verstehen, die uns als Gottesmänner erscheinen. Ihre Worte und Taten wollen wir in unser Wesen einströmen lassen, damit wir unser Handeln nach ihnen richten, aber nur, insoweit sie an unser Herz appellieren. Könnte eine wissenschaftliche Abhandlung mehr für uns tun?

Harijan, 3. 3. 1946

II

Selig, die keine Gewalt anwenden

1. Leid ist unendlich mächtiger

Leid ist das Gesetz des Menschenwesens. Krieg ist das Gesetz des Dschungels. Doch ist das Leid unendlich mächtiger als das Gesetz des Dschungels, denn es bekehrt den Gegner und es öffnet ihm die Ohren für die Stimme der Vernunft. *The Nation's Voice*

Seit Adams Zeiten haben wir das Gesetz der Vergeltung angewendet, und wir wissen aus Erfahrung, daß es heillos versagt hat. Wir stöhnen unter seiner verheerenden Auswirkung.

Young India, 28. 8. 1924

Wenn Gewaltlosigkeit als dynamische Forderung verstanden wird, ist sie bewußt getragenes Leiden. Sie meint nicht etwa willige Unterwerfung unter den Willen des Tyrannen. Sie bedeutet, daß wir unsere ganze Seelenkraft dem Unterdrücker entgegensetzen. Nach diesem Prinzip, unter dem eigentlich unser Dasein steht, vermag ein Einzelner dem Machtwillen eines ungerecht handelnden Weltreiches Trotz zu bieten, um seine Würde, seinen Glauben, seine Seele zu retten und den Sturz dieses Reiches oder gar dessen moralische Erneuerung einzuleiten. *Young India, 11. 8. 1920*

Beim passiven Widerstand besteht die Absicht, den Gegner zu plagen, und zugleich die Bereitschaft, die Mühsal auf sich zu nehmen, die damit verbunden ist. Bei der Satyagraha hingegen ist nicht der leiseste Wunsch im Spiel, dem Gegner Unbill anzutun. Satyagraha zielt auf die Gewinnung des Gegners durch Leiden in der eigenen Person. *SW III*

Fasten ist eine wunderbare Sache, aber auch eine gefährliche, wenn es Amateuren in die Hand gerät. Es verlangt gänzliche Selbstläuterung – noch mehr, als was angesichts des Todes gefordert wird, wenn man versucht ist, auch nur in Gedanken Vergeltung zu üben. Ein solcher Akt vollkommenen Opfers würde für die ganze Welt genügen. Dafür gilt das Beispiel von Jesus …

Ob die Überlieferung von Jesus geschichtlich erwiesen ist oder nicht, für mich ist sie wahrer selbst als die Geschichte, denn ich halte sie für möglich, weil sie ein ewiges Gesetz darstellt – das Gesetz vom stellvertretenden Leiden des Unschuldigen. *Harijan, 27. 10. 1946*

2. *Nicht aus Schwäche*

Gewaltlosigkeit war nie als Waffe der Schwachen, sondern der tapferen Herzen gedacht.

Young India, 31. 12. 1931

Eine Minderheit kann auf dem Weg der Nichtgewalt mehr tun als eine Mehrheit... Ich hatte weniger Zweifel bei der Leitung meiner Minderheit in Südafrika als hier, wo ich eine Mehrheit zu leiten bekam. Doch es wäre ganz falsch, deswegen zu sagen, Nichtgewalt sei eine Waffe der Schwachen. Der Gebrauch von Nichtgewalt verlangt größere Tapferkeit als der von Gewalt. *Harijan, 20. 3. 1937*

Satyagraha ist Seelenkraft, und immer wenn dem Gebrauch von Waffen oder physischer oder roher Gewalt Raum gegeben wird, dann ist im gleichen Ausmaß weniger Möglichkeit für Seelenkraft. Das sind nach meiner Auffassung rein gegenwendige Kräfte...

Es besteht ein grundsätzlicher Unterschied zwischen passivem Widerstand und Satyagraha. Wenn wir meinen und zu verstehen geben, wir seien schwach und hilflos und deshalb nur zu passivem Widerstand fähig, dann wird unser Widerstand uns niemals stark machen, und wir werden beim geringsten Anlaß unseren passiven Widerstand als Waffe der Schwachen aufgeben. Sind wir hingegen Satyagrahis, und leisten wir Satyagraha, und glauben wir an unsere Stärke, so werden wir von Tag zu Tag stärker werden... Und während im passiven Widerstand kein Raum für Liebe ist, hat in der Satyagraha der Haß keinen Platz, verstößt er doch gegen ihr Prinzip. Während beim passiven Widerstand Raum ist für Waffengebrauch, wenn die Gelegenheit sich bietet, ist in der Satyagraha physische Gewalt unter allen Umständen ausgeschlossen.

Nicht-Zusammenarbeit ist kein passiver Zustand. Sie ist ein Zustand angespannter Aktivität. Sie ist aktiver als äußerer Widerstand oder Gewalt. Passiver Widerstand ist eine falsche Bezeichnung dafür. So wie ich die Nicht-Zusammenarbeit verstehe, muß sie gewaltlos sein, sie wird also ausgeübt ohne Rachegefühle, ohne Boshaftigkeit, Unwillen oder Haß.

Young India, 25. 8. 1920

Europa hat den weisen, kühnen und tapferen Widerstand Jesu von Nazareth als passiven Widerstand mißdeutet, wie wenn es sich um die Tat eines Schwächlings handelte. Als ich das Neue Testament zum erstenmal las, fand ich nichts von Passivität oder Schwäche an Jesus in den Schilderungen, die die vier Evangelien von ihm geben. *Harijan, 7. 12. 1947*

3. Da braucht es Phantasie

Unsere Schwäche hält uns heute vor der Gewalt zurück. Wünschenswert aber ist der freiwillige Verzicht auf Gewalt, der Verzicht aus Stärke. Um dazu fähig zu sein, muß man Phantasie aufbringen, und außerdem muß man die Strömungen des Weltgeschehens tief erforschen. Der oberflächliche Glanz des Westens besticht uns heute, und den taumelnden Tanz, der uns unablässig mitreißt, halten wir für Fortschritt. Wir wollen nicht sehen, daß er uns gewiß in den Tod treibt. Vor allem sollten wir erkennen, daß es Selbstmord wäre, mit den Zielsetzungen der westlichen Staaten zu wetteifern. Doch wenn wir erkennen, daß trotz der scheinbaren Überlegenheit der Gewalt nicht sie, sondern die moralische Stärke das Universum regiert, dann sollten wir uns in Gewaltlosigkeit einüben und unser ganzes Vertrauen auf ihre unbegrenzten Möglichkeiten setzen.

Young India, 22. 7. 1929

Die Armee der Gewaltlosen handelt anders als Bewaffnete, ob im Frieden oder in unruhigen Zeiten. Sie muß kreativ sein, muß allerhand Unternehmungen ins Leben rufen, um Aufstände zu verhindern. Es ist ihre Pflicht, alles zu versuchen, um verfeindete Gruppen zu versöhnen, Friedenspropaganda zu betreiben, Versammlungen in kleinerem und größerem Kreis zu veranstalten, die sie mit jedem einzelnen, Mann oder Frau, erwachsen oder Kind, in Kontakt bringen. Eine solche Armee muß es mit jeder Notlage aufnehmen können, und eine genügende Zahl dieser Friedenskämpfer muß bereit sein, das Leben zu wagen, um tollwütige Massen zu besänftigen. *Harijan, 26. 3. 1938*

Die Macht der Selbstbeeinflussung kann so groß sein, daß ein Mensch das wird, was er glaubt. Wenn wir gewaltlos kämpfen und an unsere Stärke glauben, so werden wir täglich stärker. Und damit wird auch unser gewaltloser Widerstand immer wirksamer.

Gefängnis von Sabarmati, 1928

Ich bin der Auffassung, daß sich Gewaltlosigkeit antrainieren läßt, und dazu gehört Geduld. Sollen wir gerettet werden und einen wesentlichen Beitrag leisten zum Wohl der Welt, dann müssen wir entschlossen den Weg des Friedens einschlagen. *Young India, 22. 7. 1929*

4. Die Herzen ansprechen

Es war für mich schwieriger, die Konzession der Ratenzahlungen durchzusetzen, als die Parteien zum Vergleich zu bewegen. Doch beide waren glücklich über das Ergebnis und beide stiegen im öffentlichen Ansehen. Meine Freude war grenzenlos. Ich hatte die wahre Rechtspraxis gelernt. Ich hatte gelernt, die bessere Seite der menschlichen Natur herauszufinden und die Herzen der Menschen anzusprechen. Mir wurde klar, daß die wahre Aufgabe eines Rechtsanwalts darin besteht, die zerstrittenen Parteien zu einigen. Diese Lehre wurde mir so unauslöschlich eingebrannt, daß ein großer Teil meiner Zeit in den zwanzig Jahren meiner Anwaltspraxis damit ausgefüllt war, private Vergleiche in hunderten von Fällen auszuhandeln. Ich verlor nichts dabei – nicht einmal Geld und bestimmt nicht meine Seele. *SW I, 199*

Vielleicht gibt es niemand, der mehr Bittschriften aufgesetzt und mehr aussichtslose Prozesse übernommen hat als ich, und ich kam dabei zu dem Schluß: Wenn man etwas Entscheidendes bewirken will, muß man nicht nur der Vernunft genugtun, sondern auch das Herz bewegen... Die Rührung des Herzens geschieht durch Leiden. Und dieses, das Leiden, nicht das Schwert, kennzeichnet die Menschheit. *The Nation's Voice*

Die Waffe der Gewaltlosigkeit kehrt die Gewalt in ihr Gegenteil. Gewaltverhältnisse kommen auf, wo jemand seinen Willen aufzwingt, und wo der andere ihn annimmt. Die Weigerung, sich dem Willen des Tyrannen zu beugen, zerstört die Gewalt...

Das Unrecht kommt nicht nur vom Unterdrücker, sondern auch vom Unterdrückten. Der Tyrann kann nur das erzwingen, dem das Opfer aus Mangel an Kraft nicht widersteht. Unsere eigene Schwäche und Bosheit abzulegen, ist deshalb schon der halbe Sieg; das aber ist der Weg des Leidens und der Selbstläuterung. Diese kann nicht gelingen, ohne daß man sich auf die eingeborene Gutheit der Menschennatur, auf die Einheit der Menschheit und auf die allumfassende Macht der Liebe stützt.

Massenversammlung am 11. 9. 1906

Mein Glaube verlangt von mir, daß ich nicht daran verzweifle, Sie zu überzeugen, wenn auch Ihre Worte diese Hoffnung verbieten. Wenn Gott es will, kann er in eines meiner Worte so große Kraft legen, daß es an Ihr Herz rührt. An mir ist nur, daß ich die Anstrengung mache. Der Erfolg liegt in Gottes Hand.

Aus einem Brief vom 21. 5. 1943 an Sir Reginald Maxwell

Bewußt oder unbewußt gehen wir im alltäglichen Leben gewaltlos miteinander um. Alle geordneten Gesellschaften gründen sich auf das Gesetz der Gewaltlosigkeit. Da das Leben durch die Zerstörung hindurch weitergeht, wie ich gesehen habe, muß es ein Gesetz geben, daß der Zerstörung überlegen ist. Nur dieses höhere Gesetz erklärt die gute Gesellschaftsordnung und macht das Leben lebenswert. Bei Auseinandersetzungen, immer wenn Ihnen ein Gegner zusetzt, werden Sie ihn durch Liebe gewinnen.

Im großen und ganzen habe ich das in meinem Leben ausgeführt. Nicht als seien alle meine Schwierigkeiten beseitigt. Doch dies habe ich erfahren, daß das Gesetz der Liebe sachgerecht ist und sich besser bewährt, als es das Gesetz der Zerstörung je vermocht hätte.

The Nation's Voice

Zivilen Ungehorsam leisten können nur solche, die den Gehorsam gegenüber ärgerlichen Gesetzen des Staates bejahen, soweit diese nicht ihr Gewissen verletzen. Auch muß man bereit sein, die Strafe für den Ungehorsam hinzunehmen. Ziviler Ungehorsam muß sich durch gänzliche Gewaltlosigkeit auszeichnen, denn er steht auf dem Grundsatz, den Gegner durch Leiden, durch Liebe zu gewinnen.

Young India, 3. 11. 1921

Das Schwert habe ich weggelegt, nun bleibt mir nichts mehr, als meinem Gegner den Becher der Liebe zu reichen. *Young India, 2. 4. 1931*

5. *Die Rolle der Frauen*

Wenn die menschliche Gesellschaft nicht durch irrsinnige Kriege von Nationen gegen Nationen und durch noch irrsinnigere Kriege gegen ihre moralischen Fundamente vernichtet werden soll, dann werden die Frauen ihre Rolle spielen müssen; zwar nicht nach Art der Männer, wie es etliche anzupacken suchen, sondern nach Art der Frauen. Sie können die Menschheit nicht bessern, wenn sie den Männern darin nacheifern, tüchtig bei der sinnlosen Vernichtung von Leben zu sein. Mögen sie ihr Privileg wahrnehmen, den abgeirrten Mann aus seiner Verirrung herauszuholen, bevor er seinerseits die Frau in seinen Untergang hineinreißt.

Harijan, 14. 11. 1936

Gewaltlosigkeit kann nicht gepredigt werden, man muß sie praktizieren. Die Praxis der Gewalt wird den Menschen durch äußere Symbole beigebracht. Man lernt auf Bretter schießen, dann auf Zielscheiben, dann auf Tiere. Danach gilt man als Sachverständiger in der Kunst der Zerstörung. Der gewaltlose Mensch hat keine greifbare Waffe, und daher scheint sein Wort wie sein Tun wirkungslos zu sein... Aber die Wirkung unseres Handelns ist oft um so stärker, je weniger es am Tag liegt.

Harijan, 20. 3. 1937

Mann und Frau leben das gleiche Leben, haben die gleichen Gefühle. Eines ist Ergänzung des anderen, kann ohne das andere nicht leben.

Weil der Mann seit Urzeit die Frau beherrscht hat, kam es, daß sie einen Minderwertigkeitskomplex entwickelt hat. Und so hat sie an die eigennützige Lehre des Mannes, sie sei ihm unterlegen, geglaubt. Doch die prophetischen Menschen haben ihre Gleichberechtigkeit erkannt...

Sind auch die Arbeitssphären geteilt, so werden von Mann und Frau doch die gleichen allgemein menschlichen Tugenden gefordert.

Wenn es nun gilt, Wahrheit und Gewaltlosigkeit in allen Lebensbereichen zu erstreben, so erfüllt mich die Hoffnung, daß die Frau dabei die unbestrittene Führung übernimmt, und daß ihr Minderwertigkeitskomplex verschwindet, wenn sie auf diese Weise ihren Platz in der Entwicklung der Menschheit gefunden hat.

Wie ich schon früher zu verstehen gab, halte ich die Frau für eine Verkörperung von Ahimsa (Gewaltlosigkeit). Ahimsa bedeutet unendliche Liebe, worin sich auch unbegrenzte Leidensfähigkeit ausdrückt... Laßt die Frau diese

Liebe auf die ganze Menschheit ausdehnen... Ihr ist es gegeben, der zerstrittenen Welt Frieden zu lehren. *Harijan, 24. 2. 1940*

6. Das Wunder

Je mehr Gewaltlosigkeit angewandt wird, um so wirksamer wird sie und um so unerschöpflicher, und am Ende steht die ganze Welt mit offenem Munde da und ruft: Ein Wunder ist geschehen! Alle Wunder entspringen dem lautlosen Wirken einer unsichtbaren Kraft. Gewaltlosigkeit ist die unsichtbarste und wirksamste. *Harijan, 20. 3. 1937*

Kann ich meinen Glauben an Wahrheit und Gewaltlosigkeit aufrechterhalten? Hat nicht die Atombombe diesen Glauben in die Luft gesprengt? Das hat sie nicht, vielmehr hat sie mir klargemacht, daß Wahrheit und Gewaltlosigkeit das Mächtigste in der Welt sind.

Harijan, 10. 2. 1946

Den Geist der Gewaltlosigkeit erwirbt man durch langes Training in Selbstverleugnung, durch Vertrautwerden mit den geheimen inneren Kräften. Er verändert die Einstellung zum Leben. Er bewertet die Dinge anders und wirft vorausgegangene Berechnungen um. Und wenn der Geist der Gewaltlosigkeit intensiv genug geworden ist, kann er das ganze Universum verändern. *Young India, 23. 9. 1926*

Satyagraha, das Gesetz der Wahrheit und Gewaltlosigkeit, kennt keine Niederlage. Kerkerhaft auszuhalten ist einer der vielen Wege, die Botschaft weiterzutragen.

An den Vizekönig, Lord Linlitgow, Silvester 1942

Die Menschen haben fortwährend versucht, Gewalt und Krieg damit zu rechtfertigen, daß Selbstverteidigung unumgänglich sei. Man war sich über die Regel einig, daß der Gewalt des Angreifers nur durch die überlegene Gewalt des Verteidigers zu begegnen sei. So sind die Menschen weltweit in einen wahnwitzigen Rüstungswettlauf hineingeschlittert, und noch ist nicht abzusehen, wann der Tag kommen wird, das Schwert mit dem Pflug zu vertauschen. *Harijan, 31. 8. 1947*

III

Selig, die hungern nach Gerechtigkeit

1. »Kinder Gottes«

Harijan bedeutet »Kind Gottes«. In allen Religionen der Welt gilt Gott als Freund der Freundlosen, als Hilfe der Hilflosen, als Schützer der Schwachen. Doch abgesehen von der übrigen Welt: Wer kann in Indien freundloser, hilfloser, schutzloser sein als die vierzig oder mehr Millionen Hindus, die man »Unberührbare« nennt? Wenn also auf irgendeinen Teil des Volkes der Name Gotteskinder zutreffen kann, dann bestimmt auf diese hilflosen, freundlosen und geschmähten Menschen.

Wenn sich einmal die Kasten-Hindus von der hergebrachten Auffassung der Unberührbarkeit losgemacht haben und zwar aus echter innerer Überzeugung und freiem Entschluß, dann können wir alle Harijans heißen. Denn dann haben nach meiner bescheidenen Ansicht die Kasten-Hindus Gnade gefunden bei Gott und können zutreffend seine Kinder genannt werden. *Harijan, 11. 2. 1933*

Wenn ich mich mit dem Greuel der Unberührbarkeit auseinandersetze, so geht es mir in meinem Herzen nicht nur um das brüderliche Zusammenleben der Hindus, sondern im Grunde darum, daß alle Menschen – Hindus, Moslems, Christen, Parsis oder Juden – zur Brüderlichkeit geführt werden. Denn ich glaube an die tiefe Wahrheit aller großen Weltreligionen. Ich glaube, daß sie von Gott gewollt sind, ich glaube auch, daß jede für das Volk, dem sie offenbart wurde, notwendig war. *Harijan, 16. 2. 1934*

Unberührbarkeit kann nicht angeboren sein, da alle Menschen Funken eines einzigen Feuers sind. Das Unrecht, andere von sich abzuhalten, weil sie angeblich von Geburt unberührbar sind, wird dadurch bekämpft, daß man mit solchen Menschen Freundschaft schließt, und weiter, daß man alles Leben liebt wie sein eigenes. Die Abschaffung der Unberührbarkeit reißt die Schranken nieder zwischen Mensch und Mensch und zwischen den verschiedenen Daseinsrängen. Und solche Schranken finden wir noch überall in der Welt. *SW IV, 235*

Ich zweifle nicht, daß der Hinduismus die Harijans (die Ausgestoßenen) verlieren wird, wenn die sogenannten Kasten-Hindus nicht die Harijans lieben werden wie sich selbst. Doch wenn sie das tun, ist der Hinduismus gerettet und gleicherweise die Harijans und sie selbst. Wenn sie es nicht tun, dann werden sie und der Hinduismus zugrunde gehen. Die Hindus der oberen Kasten mögen Millionen für die Harijans spenden, wenn sie aber nicht das eine tun, was notwendig ist, nämlich die Harijans geistig als ihresgleichen anerkennen, dann wird die materielle Hilfe stinkend und verwerflich, und ist restlos vergeudet. *Harijan, 12. 6. 1934*

Ich fürchte, Indien ist auf Jahre hinaus zu einer Gesetzgebung verpflichtet, die darauf aus ist, die Niedergetretenen und Heruntergekommenen aus dem Schlamm zu erheben, in den sie durch die Schuld der Kapitalisten, der Grundbesitzer, der sogenannten Oberschicht und schließlich... der britischen Herren versunken sind... Es wird die Pflicht der indischen Nationalregierung sein, diese Erniedrigten zu begünstigen und sie von den Lasten zu befreien, von denen sie erdrückt werden.

Rede über »Commercial Discrimination«

Ich kann den Gedanken nicht ertragen, daß ein Mensch, der Reichtum erworben hat, das Stimmrecht haben solle, während ein Mensch, der Charakter erworben hat, aber keinen Reichtum und keine Bildung, das Stimmrecht nicht bekommen solle, oder daß einem Menschen, der Tag für Tag im Schweiße seines Angesichts ehrlich arbeitet, das Stimmrecht versagt sein soll wegen des Verbrechens, daß er arm ist. Das ist unerträglich. Ich habe mitten unter den Ärmsten im Dorf gelebt und meinen Ruhm darin gesucht, als ein Paria, Unberührbarer, angesehen zu werden, und daher weiß ich, daß sich unter den Armen, sogar unter den Unberührbaren, manche der feinsten Charaktere finden. Ich möchte viel lieber selbst das Stimmrecht verlieren, als daß dieser unberührbare Bruder es nicht bekommen soll.

Rede über »The Legislatures«

Als Anhänger der Gewaltlosigkeit kann ich mich der vorgeschlagenen Teilung [in Hindustan und Pakistan] nicht gewaltsam widersetzen. Doch... meine ganze Seele empört sich gegen die Ansicht, daß Hinduismus und Islam zwei einander feindliche Kulturen und Glaubenslehren darstellen. Einer solchen Auffassung zustimmen bedeutet in meinen Augen, Gott leugnen. Denn ich glaube mit ganzer Seele, daß der Gott des Korans auch der Gott der Gita ist, und daß wir alle Kinder desselben Gottes sind. *Harijan, 13. 4. 1940*

Während eine böse Tat zu mißbilligen ist, verdient der Täter, ob er gut oder böse ist, immer Respekt oder Mitleid je nachdem. »Hasse die Sünde und nicht den Sünder«, dieser Spruch ist leicht zu verstehen und wird selten befolgt, und darum breitet sich das Gift des Hasses in der Welt aus.

Nichtgewalt ist die Grundlage der Wahrheitssuche... Es ist ganz recht, einem System zu widerstehen und es anzugreifen, doch seinem Urheber zu widerstehen und ihn anzugreifen ist soviel, wie sich selbst anzugreifen. Denn wir alle sind mit denselben Fehlern durchwachsen, und wir sind Kinder eines und desselben Schöpfers, und so sind die göttlichen Kräfte in uns unendlich. Ein einzelnes Menschenwesen geringschätzen, heißt, diese göttlichen Kräfte geringschätzen, und somit nicht nur dieses Wesen, sondern mit ihm die ganze Welt kränken.

SW II, 410f

2. *Partnerschaft zwischen Gleichen*

Wenn Gott in allem wohnt, was im Universum existiert, wenn der Gelehrte wie der Straßenkehrer von Gott sind, dann gibt es keinen, der hoch ist, und keinen, der niedrig ist, alle sind ohne Einschränkung gleich, sie sind gleich, weil sie die Geschöpfe jenes Schöpfers sind.

Harijan, 30. 1. 1937

Die Vereinigung, die uns vorschwebt, ist nicht ein Flickwerk, sondern eine Vereinigung der Herzen ... Die Autonomie Indiens wird ein unmöglicher Traum bleiben ohne den festen

Bund zwischen den Hindus und Moslems Indiens, der nicht nur ein Waffenstillstand sein darf. Die Vereinigung kann nicht auf der Furcht der einen vor den anderen gegründet sein. Sie muß eine Partnerschaft sein zwischen Gleichen, von denen jeder des anderen Religion achtet. *Young India, 6. 10. 1920*

Einheit von Hindus und Moslems verlangt, daß die einen die Religion der anderen so lange tolerieren, wie diese sie für wahr halten.

Young India, 28. 8. 1924

Die hindu-moslemische Einigung muß für alle Zeiten und Umstände unser Bekenntnis sein. Sie soll indes keinerlei Bedrohung der Minderheiten – der Parsis, der Christen, der Juden oder der Sikhs – bedeuten. *Young India, 16. 3. 1922*

Die Anerkennung der grundsätzlichen Gleichheit und Einheit alles dessen, was lebt, schließt bereits den Gedanken an Über- und Unterlegenheit aus ... Jene Religion ist zum Untergang bestimmt, die auf einer Rangordnung von Hoch und Niedrig gegründet ist.

Young India, 5. 11. 1925

Einen internationalen Friedensbund wird es geben, wenn alle Völker jene Unabhängigkeit erlangt haben, die sich an ihrer Gewaltlosigkeit bemißt. In einer auf Gewaltlosigkeit gegründeten Gesellschaft wird sich die kleinste Nation so groß fühlen wie die größte. Die Kategorien Überlegenheit und Unterlegenheit werden außer Kraft gesetzt sein. *Harijan, 11. 2. 1939*

Wenn wir unseren Traum von der echten Demokratie verwirklicht sehen wollen, müssen wir den geringsten Inder gleicherweise als Indiens Herrscher ansehen wie den mächtigsten im Lande. Das setzt voraus, daß alle rein sind oder es werden. Reinheit geht mit Weisheit einher. Dann würde niemand eine Trennwand zwischen Bekenntnis und Bekenntnis, zwischen Kaste und Kastenlosen bestehen lassen. Jeder würde jeden als gleich betrachten und sich mit ihm gemeinsam vom weichen Netz der Liebe umfangen wissen. *Harijan, 18. 1. 1948*

Ein Wahrheitssucher gibt sich keiner Zukunftssorge hin... Wir sollten Gott zutrauen, daß er uns unser tägliches Brot gibt, nämlich all das, was wir nötig haben... Weil dies mißachtet wurde, kam es zu jener Ungleichheit unter den Menschen, die soviel Elend gebracht hat. Die Reichen halten sich überflüssige Vorräte an Dingen, die sie nicht brauchen, während Millionen am Rande des Verhungerns leben. Würde jeder seinen Besitz auf das einschränken, was er braucht, so müßte niemand in Not leben, und alle wären zufrieden. So aber sind die Reichen nicht minder unzufrieden als die Armen. *SW IV, 229f*

Vor allem muß man damit aufhören, wissenschaftliche Erkenntnisse und Entdeckungen zu bloßen Mitteln der Habgier zu machen. Dann werden die Arbeiter nicht mehr ausgebeutet, und die Maschinen werden nicht mehr zum Nachteil, sondern eine Hilfe sein. Es geht mir nicht um Austilgung aller Maschinen, sondern um die vernünftige Begrenzung ihres Einsatzes. *Young India, 13. 11. 1924*

Ich hasse Privilegien und Monopole. Alles, was nicht mit den Massen des Volkes geteilt werden kann, lehne ich ab. *Harijan, 2. 11. 1934*

Ein Mensch, der materiellen oder moralischen Reichtum anhäuft, vermag es nur mit Hilfe der anderen Glieder der Gesellschaft. Hat er dann das moralische Recht, das Angehäufte hauptsächlich zu seinem persönlichen Vorteil zu verbrauchen? Nein, dieses Recht hat er nicht.

Harijan, 16. 2. 1947

3. Einander anhören

Aus der Demokratie wird nichts, wenn wir nicht bereit sind, die andere Seite anzuhören. Wir schlagen vor der Vernunft die Tür zu, wenn wir unsere Gegner nicht anhören wollen oder wenn wir nach der Anhörung unseren Spott mit ihnen treiben. Wird Intoleranz zur Gewohnheit, dann kann es soweit kommen, daß wir die Wahrheit verfehlen. Wohl müssen wir in den Grenzen, die unserer Erkenntnis von

Natur aus gezogen sind, furchtlos handeln gemäß der Einsicht, die uns geschenkt wurde; zugleich aber müssen wir unseren Geist offenhalten und stets zu dem Eingeständnis bereit sein, daß, was wir für Wahrheit hielten, sich als Unwahrheit herausgestellt hat. Diese Offenheit des Geistes stärkt in uns die Wahrheit und löst die Schlacken von ihr ab, in denen sie allenfalls steckt. *Harijan, 31.5.1942*

Würden wir anderen unseren Willen aufzwingen, so würde unsere Tyrannei schlimmer sein als die Gewaltherrschaft, die eine Minderheit über uns ausübt. Die unsrige wäre die Schrekkensherrschaft einer Mehrheit und darum wahrhaftig schlimmer und gottloser als die erste. Zwang in welcher Form auch immer muß bei unserem Kampf ausscheiden, auch wenn wir schließlich nur eine Handvoll Leute sind, die treu zu der Lehre der Nicht-Zusammenarbeit stehen...

Keinesfalls dürfen wir eine Meinung durch Intoleranz unterdrücken. Denn dann werden wir nie wissen, wer für uns ist und wer gegen uns. Unabdingbar für unseren Erfolg ist es daher, daß wir alle zu voller Meinungsfreiheit ermutigen. *Young India, 27. 10. 1921*

Versuchen wir einmal, die Dinge aus der Sicht unserer Gegner zu betrachten, so werden wir bald fähig, ihnen Gerechtigkeit widerfahren zu lassen. Ich weiß, das verlangt eine geistige Umstellung, und die ist nicht leicht. Für einen Satyagrahi ist sie unerläßlich. Dreiviertel der Nöte und Mißverständnisse in der Welt würden vermieden, wenn wir einen Moment in die Schuhe unserer Gegner schlüpften und ihren Standpunkt verstünden. *Young India, 19. 3. 1925*

Ich muß mich bemühen, den Geist der Moslems zu verstehen, den besten von ihnen näher zu kommen; dann kann ich ihnen und ihrem Tun nach und nach gerecht werden. Ich trachte danach, selber der beste Kitt zwischen den beiden Gemeinschaften zu werden. Meine Sehnsucht ist, die beiden notfalls mit meinem Blut zu verkitten. Zuvor muß ich aber den Moslems beweisen, daß ich sie ebenso liebe wie die Hindus. Meine Religion hält mich dazu an. Gott möge mir helfen, es auszuführen. Das ist unter anderem der Zweck meines Fastens, mich zu dieser gleichmäßigen und uneigennützigen Liebe reif zu machen. *Young India, 25. 9. 1924*

4. *Was recht ist*

Der zivile Ungehorsam in seiner reinen Form verlangt, daß die Gefängnisvorschriften genauestens und willig befolgt werden. Ungehorsam gegenüber einem bestimmten Gesetz muß verbunden sein mit widerstandsloser Hinnahme der Strafe, die für eine Übertretung dieses Gesetzes vorgesehen ist. Wenn sich indes eine Person sowohl gegen ein Gesetz als auch nach dessen Übertretung gegen die dafür vorgesehene Strafe auflehnt, dann kann sein Verhalten nicht mehr zivil, nicht mehr friedlich genannt werden und muß zur Anarchie oder zum Chaos führen.

Wer zivilen Ungehorsam leistet, ist – wenn ich so sagen darf – ein Menschenfreund und somit auch ein Freund des Staates. Ein Anarchist ist ein Feind des Staates und somit auch ein Menschenfeind...

Ich bleibe dabei, daß der zivile Ungehorsam konstitutionelle Agitation in reinster Form ist... Steht der zivile, gewaltlose Charakter des Ungehorsams fest, so kann dieser... nicht unter dem Vorwand verurteilt werden, daß dieses Vorgehen vielleicht zu Gewaltausbrüchen führen könnte. *Young India, 15. 12. 1921*

Die Nicht-Gewalt, die ich meine, macht einen einschneidenden Unterschied zwischen dem Menschen und seiner Maschine. Eine schadenstiftende Maschine würde ich ohne Bedenken zerstören, niemals aber einen Menschen.

Erwiderung auf Regierungsdenkschrift, 15. 7. 1943

Die oberen Klassen haben keinen Anlaß zu stehlen. Doch da sie sich in ihrem Wohlbefinden durch Diebe gestört fühlen, sorgen sie dafür, daß der plumpe Diebstahl bestraft wird. Nebenbei wissen sie recht gut, daß ihre eigenen Betrügereien, die ungestraft durchgehen, der

Gesellschaft weitaus mehr Schaden zufügen als der Diebstahl im engen Sinn...

Die Gefängnisse müßten durch Einführung eines rationelleren und moralisch fundierten Verwaltungssystems zu Besserungsanstalten werden, statt Strafkolonien zu bleiben, die den Staat große Summen kosten. Wenn ich eine derartige Reform durchzuführen hätte, so würde ich vor allem andern Schluß machen mit der unglaublichen Vergeudung von Arbeitskraft...

Mit besonderem Nachdruck würde ich dafür sorgen, daß den Gefangenen das Leben so erträglich wie möglich gemacht würde, soweit es eben mit der öffentlichen Sicherheit vereinbar ist. Ich würde ihnen gestatten, Besuche ihrer Verwandten und Angehörigen zu empfangen, sich Bücher zu beschaffen, Unterricht zu nehmen, kurz, ich wollte Mißtrauen durch entgegenkommendes Vertrauen ersetzen. Jede Arbeitsleistung würde ich ihnen gutschreiben und ihnen gestatten, ihre Nahrung, roh oder gekocht, selbst zu kaufen. Die meisten Urteile müßten auf unbestimmte Zeit gefällt werden, dann müßte kein Sträfling länger im Gefängnis zurückgehalten werden, als es im Interesse seiner eigenen Besserung und zum Schutz der Allgemeinheit erforderlich ist. *Aus der Gefangenschaft*

Wenn der Staat den Kapitalismus mit Gewalt unterdrückt, wird er sich, davon bin ich überzeugt, selber ins Räderwerk der Gewalt verwickeln und niemals zur Gewaltlosigkeit durchfinden. Was ich persönlich vorziehen würde, wäre nicht eine Zentralisierung der Macht in den Händen des Staates, sondern die Einrichtung des Treuhänderwesens; denn ich meine, die Gewalt des Privateigentums ist weniger drückend als die Gewalt des Staates.

The Modern Review, 1935

Nach beträchtlicher Erfahrung mit den vielen öffentlichen Institutionen, die ich geleitet habe, kam ich zu der Überzeugung, daß es nicht gut ist, öffentliche Institutionen auf einen ständigen Fonds zu gründen. Ein solches Kapital trug immer in sich selbst den Keim für den moralischen Verfall der Institution. Eine öffentliche Institution bedeutet ihrem Wesen nach, daß sie mit der Zustimmung und aus den Zuschüssen der Öffentlichkeit lebt. Bleibt die öffentliche Unterstützung aus, so verliert diese Institution ihre Daseinsberechtigung. Institutionen, die sich auf ein festes Grundkapital stützen können, zeigen sich oft achtlos gegen die öffentliche Meinung und handeln ihr zuwider... Das in meinen Augen unbezweifelbare Ideal für öffentliche Institutionen wäre, wie die Natur von Tag zu Tag zu leben... Die jährlich eingehenden Subskriptionen sind ein Test für ihre Popularität und für die Ehrenhaftigkeit ihrer Geschäftsführung, und ich bin der Meinung, daß jede Institution sich diesem Test unterziehen sollte. *SW I, 294*

Ich verzweifle nie daran, jemand zu überzeugen, und wäre es ein Beamter von sturstem Schlag... Ich beanspruche nicht die Autorschaft solcher Bekehrungen und Versöhnungen. Sie waren allein das Ergebnis der wirkenden Wahrheit und Gewaltlosigkeit, die sich durch mich kundgab.

An Sir Reginald Maxwell, 21. 5. 1943

Ich meine, es ist für einen Menschen erniedrigend, unbeschäftigt zu bleiben und von Almosen zu leben. Als ich einmal einen Streik leitete, ließ ich nicht zu, daß die Streikenden einen einzigen Tag müßig blieben. Ich ließ sie Steine klopfen und Sand fahren und an öffentlichen Straßen arbeiten, und ich forderte meine Mitarbeiter auf, sich ihnen bei dieser Tätigkeit anzuschließen. Stellen Sie sich vor, wie verheerend das sein muß, dreihundert Millionen Arbeitslose zu haben, die täglich erniedrigt werden aus Mangel an Beschäftigung, ohne Selbstachtung, ohne Glauben an Gott. Ebensogut könnte ich diesem Hund hier die Botschaft Gottes verkünden als diesen hungernden Millionen, die keinen Glanz in den Augen haben, und deren Gottheit Brot heißt. Ich kann ihnen die Botschaft Gottes nur bringen, wenn ich ihnen die heilige Botschaft der Arbeit bringe... Ihnen kann Gott nur in Form von Brot erscheinen.

Vor Arbeitslosen in Yorkshire

5. *Fairness*

Der Satyagrahi (Anhänger von Satfyagraha) legt es nie darauf an, den, der Unrecht tut, in Verlegenheit zu bringen. Er appelliert nie an seine Furcht, sondern immer nur an sein Herz. Absicht des Satyagrahi ist es, den Übeltäter zu bekehren, nicht, ihn zu zwingen. Sein Handeln muß ganz frei von Heuchelei sei.

Harijan, 25. 3. 1939

Ein paar Studenten haben zu der alten, barbarischen Form des Sitzstreiks gegriffen. Barbarei nenne ich es, weil es eine unreife Art ist, Zwang auszuüben. Es ist auch feige, denn wer Dhurba sitzt, weiß genau, daß man ihn nicht niedertrampelt. Diese Methode ist noch mehr als gewalttätig. Wenn wir nämlich aktiv gegen den Feind ankämpfen, geben wir ihm wenigstens Gelegenheit zurückzuschlagen. Fordern wir ihn aber heraus, über uns hinwegzustampfen, und wissen wir doch, daß er das nicht tun will, so bringen wir ihn in eine unannehmbare und demütigende Lage...

Alle diejenigen, die dem Gegner die Mitarbeit verweigern, mögen sorgfältig überlegen, was sie tun. Es darf sich weder Ungeduld, noch Barbarei, noch Frechheit, noch Erpressung einschleichen. *Young India, 2. 2. 1921*

Wir müssen immer höflich und geduldig mit den andern umgehen, die die Dinge nicht so sehen wie wir. *Young India, 29. 9. 1921*

In einer fremden Provinz darf man sich nur unter der Bedingung niederlassen, daß man im Geist des Dienens kommt und nicht als Ausbeuter... Die von außerhalb Kommenden sollen keine Kolonie bilden, sondern im Prozeß der Verschmelzung das Schlechte abweisen und das Gute in sich aufnehmen.

Harijan, 7. und 21. 9. 1947

Das sind keine Reformer, die auf die Gegner keine Rücksicht nehmen, sondern die Gefühle der konservativen Menschen verletzen – statt mit dem Besten, was jene haben, zu wetteifern.

Young India, 2. 4. 1925

Wenn wir unser Programm (Beseitigung der Unberührbarkeit und Anwendung der Nicht-Gewalt in Gedanken, Worten und Taten) getreulich durchführen, brauchen wir nie zum zivilen Ungehorsam zu schreiten, und ich hoffe sehr, daß uns dieser erspart wird... Gleichwohl bin ich fester denn je davon überzeugt, daß ein einzelner oder ein Volk das Recht, ja die Pflicht hat, zu diesem Mittel zu greifen, wenn es um seine Existenz geht. Ohne Zweifel wird dabei weniger aufs Spiel gesetzt als beim Krieg...

Ich habe mich ganz besonders gefreut, daß mir auch viele, die der Partei der Gemäßigten angehören, geschrieben haben. Die Vertreter der Nicht-Zusammenarbeit wollen nicht den Kampf mit den Gemäßigten. Auch diese wollen das Wohl des Landes und suchen ihm nach besten Kräften zu dienen. Wenn wir glauben, daß sie im Unrecht sind, so können wir sie nur durch Freundlichkeit und geduldige Gespräche, niemals aber durch Beschimpfungen gewinnen. *An Maulana Mahomed Ali am 8. 2. 1924*

Selig, die hungern nach Gerechtigkeit

Es war mir immer ein Rätsel, wie Menschen sich durch die Demütigung ihrer Mitmenschen geehrt fühlen können. *SW I 229*

IV

Selig, die reinen Herzens sind

1. Das Universum in dir

Das Universum kann man nicht so erforschen, wie man sich selbst erforschen kann. Erkenne dich selbst, dann erkennst du das Universum. Indes verlangt auch die Erkenntnis des inneren Selbst ein unablässiges Streben, ja nicht nur ein unablässiges, auch ein reines Streben, und dazu gehört ein reines Herz. *Young India, 8. 4. 1926*

Ein vollkommener Geist kommt aus einem vollkommenen Herzen... aus dem Herzen, das die Wohnung Gottes ist. Es ist wahr, die Verwirklichung Gottes im Herzen macht es einem unsauberen oder müßigen Gedanken unmöglich, in den Geist einzudringen.

Harijan, 9. 6. 1946

Der Mensch macht seine Pläne, und oft muß er erleben, daß Gott sie umwirft; wo aber gleichzeitig die Suche nach Wahrheit das letzte Ziel ist, da spielt es keine Rolle, ob die Pläne des Menschen durchkreuzt werden: Das Ergebnis ist nie nachteilig, oft sogar besser, als es entworfen war. *SW II, 453*

Geradeso wie der Körper nicht ohne Blut existieren kann, so bedarf die Seele der unvergleichlichen und reinen Kraft des Glaubens. Diese Kraft kann die geschwächten Körperorgane im Menschen erneuern...

Ein gläubiger Mensch trinkt mit jedem Atemzug den Namen Gottes... auch wenn sein Körper schläft. *Harijan, 29. 6. 1947*

Die Idee der Gewaltlosigkeit (Ahimsa) verträgt sich mit keinem bösen Gedanken, auch nicht mit unsinniger Eile, mit Haß und Verwünschungen. Sie läßt nicht zu, daß wir Dinge für uns behalten, die die Welt nötig hat. Ohne Gewaltlosigkeit kann man Wahrheit weder suchen noch finden. Beide hängen so eng zusammen, daß sie nicht zu trennen sind. Sie sind wie die zwei Seiten einer Münze, nein, einer ungeprägten Metallscheibe. Man könnte nicht sagen, welches die Vorder-, welches die Rückseite ist. Gleichwohl ist Gewaltlosigkeit nur das Mittel, die Wahrheit das Ziel. *SW IV, 218.219*

Unsere vitale Kraft wird dauernd vergeudet durch schlechte, ja schon durch schweifende, ungeordnete, unnütze Gedanken. Da aber Denken die Wurzel von allem Reden und Tun ist, wird dieses die Qualität von jenem haben. Darum ist gänzlich überwachtes Denken eine Kraft von höchster Potenz und kann selbsthandelnd werden. Das ist, wie mir scheint, der Sinn des schweigenden Herzensgebetes. Wenn es so ist, daß der Mensch nach dem Bild Gottes gemacht ist, dann braucht er innerhalb des ihm zubemessenen Bereichs nur etwas zu wollen, und es geschieht.

Wer große Menschenmassen zu gewaltlosem Handeln organisieren will, muß die vollkommene Kontrolle seiner kraftvergeudenden Begierden erlangt haben.

Diese Kontrolle läßt sich nur mit der Gnade Gottes verwirklichen. Wer diese Kontrolle erlangt hat, verliert sie nie wieder, und seine vitalen Energien bleiben gesammelt. *Harijan, 23. 7. 1938*

Das Gesetz der Liebe wird wirken, wie das Gesetz der Schwerkraft wirken wird, ob wir es anerkennen oder nicht... Die Kraft der Gewaltlosigkeit ist unendlich wunderbarer und feiner als die materiellen Naturkräfte... Je mehr ich mit diesem Gesetz wirke, um so mehr empfinde ich Wonne im Leben, im Entwurf des Universums. Es schenkt mir einen Frieden und eine Schau in die Geheimnisse der Natur, wie ich es nicht beschreiben kann. *The Nation's Vioce*

2. *Diamant und Blüte*

Ich besänftigte die Freunde mit diesen und ähnlichen Argumenten, aber ich glaube nicht, sie damals vollständig von der Anwendbarkeit des Prinzip überzeugt zu haben, daß etwas unter verschiedenen Umständen von verschiedenem Gesichtspunkt zu betrachten sei. Aber mein Leben lang hat mich das Festhalten an der Wahrheit gelehrt, die Schönheit des Kompromisses zu schätzen. Im späteren Leben sah ich, daß diese Geisteshaltung ein wesentlicher Teil von Satyagraha (Streben nach Wahrheit) ist. Das hat für mich oft bedeutet, mein Leben zu gefährden und mir das Mißfallen meiner Freunde zuzuziehen. Aber die Wahrheit ist hart wie Diamant und zart wie eine Blüte. *SW I, 219*

Freundschaft mit der ganzen Welt ist mein Ziel, und mit der größten Liebe kann ich den härtesten Widerstand gegen das Unrecht verbinden.

Young India, 10. 3. 1920

Der ernste und reine Herzenswunsch wird immer erfüllt. Meine eigene Erfahrung hat mir diese Regel oft bestätigt. Der Dienst an den Armen war mein Herzenswunsch, und er hat mich immer zu den Armen geführt, bis ich einer der ihren wurde. *SW I, 226*

Uns ist durch unser Gelübde der Gewaltlosigkeit äußerste Demut auferlegt und guter Wille im Umgang mit unseren erbittertsten Feinden...

Wir trachten die Regierung als System zu paralysieren, aber nicht durch Einschüchterung, sondern durch den unwiderstehlichen Druck unserer Unschuld. *An Hakim Ajmal Khan, 12. 3. 1922*

Ich bin überzeugt: Wenn ein Mensch vollkommenen, lebendigen Glauben an die unsichtbare Macht erlangt und von Leidenschaften ledig wird, dann geht in seinem Körper eine innere Verwandlung vor. Bloß mit Wünschen gelingt das nicht. Es braucht anhaltende Wachsamkeit und Übung, und selbst all diese menschliche Anstrengung bleibt nichtig, wenn nicht die Gnade Gottes herabkommt. *Press Report, 12. 6. 1945*

Religion kann nur durch die Reinheit ihrer Anhänger und durch ihre guten Taten verteidigt werden, keinesfalls durch Kampf mit den Anhängern anderer Glaubensbekenntnisse.

Harijan, 13. 7. 1940

Die Satyagrahis dürfen gewiß sein: Wenn unter ihnen nur ein einziger ist, der lauter ist wie Kristall, wird sein Opfer genügen, das Ziel zu erreichen. *SW III*

3. Intellektuelle Redlichkeit

Heute weiß ich, daß ein in der Öffentlichkeit tätiger Mensch nicht Feststellungen treffen darf, deren er sich nicht selbst versichert hat. Allen voran muß ein Anhänger der Wahrheit größte Vorsicht üben. Jemanden etwas glauben lassen, was man nicht vollständig geprüft hat, heißt, die Wahrheit kompromittieren. Ich muß zu meinem Schmerz bekennen, daß ich trotz dieser Einsicht meine gewohnte Leichtgläubigkeit noch nicht ganz überwunden habe, und schuld daran ist mein Ehrgeiz, mehr Arbeit zu bewältigen, als ich kann. *SW II, 444*

Wir haben die Pflicht, stets die Folgen unserer Handlungen zu bedenken. *Navajivan, 5. 6. 1924*

Ich kenne die Gefahr einer solchen Spekulation recht gut. Aber es wäre unwahrhaftig und feige von mir, wenn ich... aus Furcht vor Lächerlichkeit meinen Glauben nicht offen ausspräche. Die physische Wirkung des Erdbebens wird bald vergessen und zum Teil geheilt sein. Doch es wäre schrecklich, wenn es eine Kundgabe des göttlichen Zornes über die sündhafte Aufrechterhaltung der Unberührbarkeit wäre und wir nicht dir moralische Lehre daraus zögen...

Der Zusammenhang zwischen kosmischen Ereignissen und menschlichem Verhalten ist für mich ein lebendiger Glaube, der mich näher zu meinem Gott bringt, mich zur Demut bestimmt und mich so geeigneter macht, vor Gottes Angesicht zu treten. Dieser Glaube wäre indes ein entwürdigender Aberglaube, würde ich ihn – aus der Tiefe meiner Unwissenheit heraus – dazu mißbrauchen, meinen Gegnern mit Schärfe entgegenzutreten. *Harijan, 16. 2. 1934*

Ist es nicht so, daß es mehr unaufgedeckte als nachgewiesene Verbrechen gibt? Doch zeigen die Menschen nicht mit dem Finger auf die, die für ihre Übeltaten nicht bestraft wurden, vielmehr pflegen wir jene schief anzuschauen, die nicht durchtrieben genug waren, sich nicht erwischen zu lassen. Aus solchen aber machen oft die Gefängnisstrafen verstockte Verbrecher. *Aus der Gefangenschaft*

Die angstvolle Sorge um die Zukunft ist Ursache vieler Diebstähle. Heute begehren wir etwas, morgen treffen wir schon Vorkehrungen, saubere, wenn es möglich ist, unsaubere, wenn es nötig ist, um uns das Begehrte anzueignen. Ideen können genauso gestohlen werden wie materielle Dinge. Wer sich als Urheber einer Idee ausgibt, die nicht von ihm stammt, ist ein Gedankendieb. Will man sich reinhalten von Diebstahl, so muß man sich sehr um Demut, Rücksicht, Wachsamkeit und einfache Gewohnheiten bemühen. *SW IV, 228*

Ein Anhänger der Wahrheit darf nicht aus Rücksicht auf die Konvention handeln. Er muß sich immer offenhalten für Korrektur, und wenn er entdeckt, daß er im Irrtum ist, muß er es um jeden Preis eingestehen und es wiedergutmachen. *SW II, 524*

Die Zeitschrift »Indian Opinion« war damals, wie heute »Young India« und »Navajivan«, ein Spiegel eines Teiles meines Lebens. Woche für Woche ergoß ich meine Seele in diese Spalten und erläuterte die Grundsätze und die Praxis von Satyagraha... Ich kann mich nicht erinnern, daß in diesen Artikeln ein Wort ohne Überlegung oder Beratung oder in bewußter Übertreibung oder bloß um zu gefallen niedergeschrieben wäre... Die Kritik fand sehr wenig zu entgegnen. Vielmehr zwang der Ton von »Indian Opinion« die Kritik dazu, ihre eigene Feder in Zaum zu halten. Satyagraha wäre wahrscheinlich ohne »Indian Opinion« nicht möglich gewesen. Die Leser erwarteten von ihr eine wahrheitsgetreue Berichterstattung über die Satyagraha-Kampagne und über die wirkliche Lage der Inder in Südafrika...

Schon im ersten Monat von »Indian Opinion« erkannte ich, daß das einzige Ziel des Journalismus der Dienst sein muß. Die Presse ist eine große Macht, indessen, wie eine entfesselte Sturmflut ganze Landstriche überschwemmt und Ernten verwüstet, so dient eine unkontrollierte Feder nur der Zerstörung.

Kommt die Kontrolle von außen, so erweist sie sich giftiger als das Fehlen von Kontrolle. Sie kann nur nützen, wenn sie von innen geübt wird. Sofern dieser Denkansatz stimmt: Wieviele Zeitungen in der Welt können diese Probe bestehen? Aber wer könnte das Erscheinen der nutzlosen Zeitungen verhindern? Die nützlichen und die nutzlosen müssen, wie gut und böse sonst auch, zusammenbestehen, und der Mensch muß seine Wahl treffen. *SW II, 426f*

Die Religion eines anderen herabsetzen, ... die Unwahrheit sagen, unschuldigen Menschen den Schädel einschlagen, Tempel oder Moscheen entweihen – alles das ist Verneinung Gottes. Die Welt schaut teils mit Befriedigung, teils mit Sorgen dem Kampf wütender Hunde zu, der in unserer Mitte tobt. Wir haben auf Satan gehört ... Ich verlange von keinem Hindu oder Moslem, ein Jota von seinen religiösen Grundsätzen abzutun. (Nur muß er sicher sein, daß es sich um Religion handelt.) Doch ich verlange von jedem Hindu und Moslem, nicht um irdische Vorteile zu zanken. *Young India, 25. 9. 1924*

Es gibt eine Regel, die man beim Studium aller großen Religionen beachten sollte: daß man sie nur durch die Schriften ihrer bewährten Vertreter kennenlernen sollte. Wer z. B. zum Verständnis der Bhagavata gelangen will, sollte nicht die Übersetzung eines ablehnenden Kritikers benützen, sondern eine solche, die von einem Verehrer der Bhagavata besorgt wurde. So auch sollte man sich um das Verständnis der Bibel nur durch die Kommentare gläubiger Christen bemühen. *Young India, 6. 12. 1928*

Kein Mensch ist so schlecht, daß er außerhalb jeder Möglichkeit der Erlösung stünde. Auf der andern Seite ist aber auch kein Mensch so vollkommen, daß er das Recht hätte, den vorgeblich Unverbesserlichen zu vernichten.

Young India, 26. 3. 1931

Wären wir uns bei allem unserem Reden und Tun der Gegenwart Gottes bewußt, dann hätten wir vor niemand etwas zu verbergen. Wir würden vor unserem Schöpfer keine unreinen Gedanken hegen... Nur die Unsauberkeit sucht sich Deckung und versteckt sich im Dunkeln... Schmutzige Dinge entfernen wir aus unserem Gesichtskreis. So sollten wir es auch mit unserer Rede halten. Dinge, die wir vor der Welt verbergen möchten, sollten wir nicht einmal denken. *Young India, 22. 12. 1920*

4. *Die zweite Naivität*

Die Arbeit am Spinnrad wird mir zunehmend zum inneren Bedürfnis. Jeden Tag komme ich den Ärmsten der Armen näher und in ihnen Gott. Die vier Stunden, die ich dieser Arbeit widme, sind mir wichtiger als alle anderen... Nicht ein einziger unreiner Gedanke belästigt mich in diesen vier Stunden...

Ich fürchte nichts. Ich begehre nicht zu wissen, was draußen vorgeht. Wenn meine Gebete wahrhaftig sind und aus zustimmendem Herzen kommen, dann helfen sie ganz gewiß mehr als jedwelche wichtigtuerische Geschäftigkeit.

An Hakim Ajmal Khan, 14. 4. 1922

Die Selbstzucht, wie alles Gute, braucht unerschöpfliche Geduld... Man soll keine krampfhafte Anstrengung machen, schlechte Gedanken zu verjagen: Das wäre eine Art Nachgeben. Die beste Methode ist vielleicht Nicht-Widerstand, d. h. das Aufkommen schlechter Gedanken zu ignorieren und sich mit den nächstliegenden Aufgaben zu beschäftigen. Es ist gut, einen Pflichtenkreis um sich zu wissen, der die Konzentration von Geist, Seele und Körper verlangt. *Self-restraint v. self-indulgence, 1928*

Ich achte auf mich, wenn ich wach bin. Die Kontrolle über den Körper habe ich erreicht. Auch meine Sprache halte ich in Zucht. Die Gedanken indes geben mir noch allerhand zu tun auf. Wenn ich sie auf einen bestimmten Gegenstand richte, können andere Gedanken dazwischentreten, und dann entsteht ein Kampf. In den wachen Stunden werde ich mit diesen Konflikten fertig. Ich darf sagen, daß ich einen Zustand erreicht habe, wo ich frei bin von unreinen Gedanken. Doch im Schlaf vermag ich meine Gedanken nicht ebenso unter Kontrolle zu bringen... Es liegt nicht in unserer Macht, die Spuren, die uns frühere Taten eingedrückt haben, geschwind auszuwischen. Doch diese Verzögerung entmutigt mich nicht... Auch wenn ich sterbe, ohne mein Ziel erreicht zu haben, kann ich nicht glauben, besiegt zu sein. Denn ich glaube an ein künftiges Leben so fest wie an das gegenwärtige. Und ich weiß, daß auch die kleinste Mühe nicht verloren ist.

Navajivan, 25. 5. 1924

Nach meinem Erfolg mit Hunderten, ja mit Tausenden von Kindern, glauben Sie mir: Ich weiß, daß sie wahrscheinlich ein feineres Ehrgefühl haben als Sie und ich. Wir könnten, wenn wir uns demütig beugen wollen, die wichtigsten Lehren des Lebens nicht etwa von Gelehrten lernen, sondern von sogenannten unwissenden Kindern. Jesus sprach nie eine größere Wahrheit aus, als da er sagte, die Weisheit komme aus dem Mund der kleinen Kinder. Ich glaube es, da ich es selbst beobachtet habe: Wenn wir uns Unmündigen in Bescheidenheit und Unschuld nähern wollten, könnten wir von ihnen Weisheit lernen. *The Nation's Voice*

Andacht oder Gebet sind keine Flucht ins Wortemachen, ... sie strömen aus dem Herzen. Wenn wir jene Reinheit des Herzens, vollbringen, die es »leer sein läßt von allem außer der Liebe«, wenn wir alle Saiten auf den rechten Ton stimmen, dann »gehen sie bebend in Musik jenseits der Sinne« über. Gebet benötigt keine Worte. Es ist in sich selbst unabhängig von jeder sinnenhaften Bemühung. Ich habe nicht den leisesten Zweifel, daß Gebet ein unfehlbares Mittel ist, das Herz von Leidenschaften zu reinigen. Aber es muß sich mit äußerster Demut verbinden. *SW I, 107*

Ramanama [Wiederholung des Gottesnamens »Rama«] ist unser mächtigster Verbündeter bei der Zügelung der Leidenschaften. Man muß sich ganz in das Mantra verlieren, das man gewählt hat. Man sollte keine anderen Gedanken während der Rezitation zulassen. Das Mantra gibt uns Halt im Leben und hilft uns über jede Prüfung hinweg. *Navajivan, 5. 6. 1924*

Das Mantra hat eine eigentümliche Macht. Es dient als Wächter über die persönliche Reinheit eines Menschen. Wer sich darum bemüht, wird dessen sofort gewahr werden. Freilich geht es nicht darum, das Mantra stumpfsinnig zu wiederholen. Vielmehr soll man in ihm seine Seele rein machen. Mechanische Wiederholung ist Sache des Papageis, wir müssen den Verstand dabeihaben und die Hoffnung, unerwünschte Gedanken damit zu vertreiben. *Navajivan, 5. 6. 1924*

Oft zeigt sich, daß der Mensch wird, was er glaubt. Wenn ich mir dauernd einsage, ich könne dies oder das nicht, dann werde ich in der Tat dazu unfähig. Wenn ich hingegen fest glaube, ich werde es können, dann bekomme ich sicher die Fähigkeit dazu, selbst wenn sie mir anfangs nicht eigen war. *Harijan, 1. 9. 1940*

Wir haben unsere Freiheit nur darum noch nicht errungen, weil wir in Gedanken, Worten und Taten nicht gewaltlos waren. Aber wir haben doch Gewaltlosigkeit zu unserer Politik erklärt, da wir überzeugt waren, daß Indien seine Freiheit mit anderen Mitteln nicht erlangen kann. Unser Vorgehen ist kein Täuschungsmanöver und darf es nicht sein. Wir dürfen nicht unter dem Deckmantel der Gewaltlosigkeit eine gewalttätige Gesinnung hegen.

Young India, 3. 4. 1924

Freudlos erwiesener Dienst hilft keinem. Doch alle anderen Vergnügen und Besitztümer verblassen und werden zu nichts gegenüber dem Dienst, der im Geist der Freude getan wird.

SW I, 259

Eines nur ist notwendig zum Dienst an den Harijans – und so auch zu jedem Dienst an den Armen, den Ausgestoßenen, den Hilflosen: Reinheit des persönlichen Charakters beim Dienenden. Ohne sie ist das scharfsinnigste Organisationstalent wertlos oder gar ein Hindernis. Ein reiner Charakter, der sich mit der Liebe zum Dienen verbindet, wird jene nötigen Fähigkeiten entwickeln oder herbeiführen.

Harijan, 7. 11. 1936

Wir sind für die Mißstände bei den »Unberührbaren« verantwortlich ... Wir erzeugen, hegen und nähren täglich Millionen von unberührbaren Gedanken. Die laßt uns ausrotten, denn die sind die wahren Unberührbaren, die es verdienen, daß sie gehaßt und aus der Gesellschaft ausgestoßen werden. Und laßt uns Buße tun für unsere Ungerechtigkeit gegenüber den »unberührbaren« Brüdern, laßt uns sie liebevoll an uns ziehen. *Young India, 13. 5. 1926*

Mit Recht gilt das Wandern als die Königin der Leibesübungen ... Unsere geistige Arbeit ist schwach und wertlos, wenn sie nicht von harter körperlicher Anstrengung begleitet wird. Wenn wir laufen, atmen wir viel frische Luft ein. Zudem erwacht in uns die Freude an der Schönheit der Natur, und das ist ungeheuer wertvoll ... Wer an verdorbenem Magen oder ähnlichem leidet, mache sich auf die Beine.

Navajivan, 5. 6. 1924

In dem Maße, wie ich in meinem Leben Liebe verkörpert habe in Gedanken, Worten und Taten, habe ich den Frieden verwirklicht, der alle Vernunft übersteigt. Manche Freunde waren verwundert, wenn sie in mir den Frieden wahrnahmen, und beneideten mich darum; sie fragten mich, wie ich zu diesem kostbaren Besitz gekommen sei. Ich konnte nur diese Erklärung geben: Wenn meine Freunde diesen Frieden in mir fänden, so komme es daher, daß ich dem Gesetz unseres Wesens – der Wahrheit und Liebe – zu gehorchen suche. *The Nation's Voice*

V

Selig, die um der Gerechtigkeit willen verfolgt werden

1. *Gott ist auf der Seite der Verfolgten*

Gott ist die Hilfe der Hilflosen. Die Auserwählten Gottes sind nicht die Reichen, sondern die Armen, die am meisten Verfolgten.

Gandhi's View of Life

Sie warfen nach mir mit Steinen, Ziegelbrokken und faulen Eiern. Einer riß mir den Turban weg, während andere begannen, mich zu schlagen und zu treten. Ich war einer Ohnmacht nahe und hielt mich am Zaungitter eines Hauses fest und blieb stehen, um Atem zu schöpfen. Aber es war unmöglich. Sie fielen mit Stößen und Schlägen über mich her.

Da kam zufällig die Frau des Polizeiinspektors des Weges, die mich kannte. Die tapfere Dame eilte herzu, öffnete ihren Sonnenschirm, obgleich keine Sonne schien, und stellte sich zwischen die Menge und mich. Das bremste die Wut des Mob, denn es wurde schwierig, mir Hiebe zu verabreichen, ohne Mrs. Alexander zu verletzen. *SW I, 285*

Gewaltlosigkeit kann man nicht lernen, wenn man zu Hause sitzt. Man muß sie erproben... Wer das Zittern bekommt und davonläuft, kaum daß er zwei gegnerische Heere im Kampfgewühl sieht, der ist nicht gewaltlos, sondern feige. Ein gewaltloser Mensch ist bereit, sein Leben zu opfern, um solche Kämpfe im vorweg zu verhindern. Die Tapferkeit des Gewaltlosen läßt die des Gewaltsamen weit hinter sich. Das Abzeichen des Gewaltsamen ist seine Waffe: Speer, Schwert, Gewehr. Gott ist der Schild des Gewaltlosen. *Harijan, 1. 9. 1940*

Ohne Anerkennung der Wahrheit und ohne rechte Bemühung um sie gibt es kein Entrinnen vor der Selbstvernichtung. Der Rettungsweg ist, daß jeder sich einübt, ohne darauf zu warten, ob sein Nachbar mittut. *Harijan, 10. 2. 1946*

Wenn wir wirklich glauben, was wir oft verkündet haben, nämlich daß Leiden, das wir nicht herausgefordert haben, der sicherste Weg ist, das Unrecht, dessentwegen wir leiden, wieder gutzumachen, dann brauchen wir uns über Einkerkerung nicht zu betrüben.

Aus der Gefangenschaft

Viele Male habe ich die Erfahrung gemacht, daß das Gute Gutes hervorlockt, das Böse jedoch Böses erzeugt. Wenn das Echo ausbleibt auf den Ruf des Bösen, so verliert es aus Mangel an Nahrung seine Kraft und stirbt ab. Das Böse nährt sich nur von seinesgleichen. Darum haben weise Menschen, denen dies klar wurde, nicht Böses mit Bösem, sondern immer nur mit Gutem vergolten und so das Böse zu Fall gebracht. Dennoch lebt das Böse weiter. Nicht viele nämlich befolgen diese Lehre, obgleich das Gesetz, auf das sie sich gründet, mit wissenschaftlicher Genauigkeit arbeitet. Wir sind zu bequem, aus den uns bedrängenden Problemen Gesetze herauszulesen, und halten uns darum für zu schwach, danach zu leben. In Tat und Wahrheit aber gibt es, wenn wir einmal die Gültigkeit eines Gesetzes erkannt haben, nichts Leichteres, als nach ihm zu handeln und Böses mit Gutem zu vergelten. Darin haben wir das wesentliche Merkmal, das den Menschen vom

Tier unterscheidet. Der Verzicht auf Rache liegt im Wesen des Menschen begründet. Trotz unserer menschlichen Gestalt sind wir so lange nicht wirklich menschlich, als wir die Wahrheit dieses Gesetzes nicht in ihrer ganzen Tragweite erkannt haben und entsprechend handeln.

Aus der Gefangenschaft

Ein Mitglied der Friedensbrigade muß einen lebendigen Glauben an die Gewaltlosigkeit haben. Ohne lebendigen Glauben an Gott ist das unmöglich. Ein Anhänger der Gewaltlosigkeitsidee lebt von der Macht und Gnade Gottes. Ohne sie hätte er nicht den Mut, frei von Zorn, furchtlos und ohne Rachebedürfnis zu sterben. Sein Mut rührt von dem Glauben her, daß Gott in den Herzen aller Menschen wohnt, und daß in der Gegenwart Gottes keine Furcht bestehen kann. Das Bewußtsein von der Allgegenwart Gottes weckt Achtung vor dem Leben der Gegner und Unverständigen. *Harijan, 18. 6. 1938*

Eines sollte den Mitgliedern der Friedensorganisationen gemeinsam sein: ein unbedingter

Glaube an Gott. Er ist unser Gefährte und Vollbringer. Ohne Glauben an ihn werden die Friedensbrigaden kein Leben haben. Gleich welchen Namen man Gott geben mag, man muß sich im klaren sein, daß man nur durch seine Stärke etwas erreichen kann. Wer dies glaubt, wird niemals einem anderen das Leben nehmen. *Harijan, 5. 5. 1946*

Ich hatte in meiner Rede die westliche Zivilisation, im Unterschied zur östlichen, als vorherrschend auf Gewalt gegründet beschrieben. Die Fragesteller nagelten mich auf meine Überzeugung fest und einer von ihnen – ich glaube, es war der Kapitän – sagte zu mir:

»Nehmen wir an, die Weißen führen ihre Drohungen aus, wie wollen Sie mit Ihrem Prinzip der Gewaltlosigkeit standhalten?«

Worauf ich erwiderte: »Ich hoffe, Gott wird mir den Mut und die Besonnenheit geben, ihnen zu verzeihen... Ich bin ihnen nicht böse. Mich betrübt nur ihre Unwissenheit und Engherzigkeit. Ich weiß, daß sie wirklich glauben, das, was sie heute tun, sei recht und angebracht. Kein Grund also, ihnen böse zu sein.«

Der Frager lächelte, er schien der Sache nicht zu trauen. *SW I, 283*

Wo war meine Pflicht? Sollte ich für mein Recht kämpfen oder nach Indien zurückkehren, oder sollte ich nach Pretoria weiterfahren, ohne mich um die Beleidigungen zu kümmern, die man mir angetan hatte, und nach Indien erst nach Beendigung des Prozesses heimfahren? Es wäre feige gewesen, eilig nach Indien umzukehren, ohne meine Verpflichtung einzulösen. Die erlittene Unbill war oberflächlich – sie war nur ein Symptom des tiefsitzenden Übels: des Vorurteils gegen die Farbigen. Ich sollte wenn möglich das Übel auszurotten suchen und Kränkungen im Prozeß über mich ergehen lassen. Genugtuung für das mir angetane Unrecht sollte ich nur insoweit suchen, als es notwendig wäre, um das Vorurteil gegen die Farbigen abzubauen.

Also entschloß ich mich, den nächsten Zug nach Pretoria zu nehmen. *SW I, 168*

Die Ausbreitung der Gewaltlosigkeit in allen Lebensbereichen war meine Mission von Jugend auf...

Während Gewalt sich gegen das Unrecht des Angreifers wendet und bis zu seiner Vernichtung geht, und während sie nur dann erfolgreich ist, wenn sie stärker ist als die Gewalt des Gegners, kann Nicht-Gewalt gegen jeden Gegner eingesetzt werden, ganz gleich wie stark er sich für gewaltsame Auseinandersetzungen gerüstet hat. Den Erfolg des gewaltlosen Handelns kann man täglich erfahren, selbst wenn man zu den ganz Schwachen gehört.

Erwiderung auf eine Regierungsdenkschrift, 15. 7. 1943

Wenn wir uns in allem als echte Satyagrahis, die nach der Wahrheit der Gewaltlosigkeit trachten, benehmen, dann wird die Lage der Regierung schließlich unhaltbar. Weil es ihr an Aufrichtigkeit fehlt und sie auf so etwas nicht vorbereitet ist, fällt es ihr schwer, Redlichkeit mit Redlichkeit zu beantworten. Sie ist auf Roheit gefaßt und vergilt sie doppelt. Anarchistischen Verbrechen weiß sie zu begegnen, doch gegen die Gewaltlosigkeit hat sie bisher keinen anderen Ausweg gefunden als nachzugeben.

Der wahre Satyagrahi hofft auf Erlösung durch Einwilligung in Leiden. Diesen Grundgedanken wendet er auch auf seine Gefangenschaft an. Er glaubt, daß demütiges Leiden für eine gerechte Sache gut ist und unendlich viel höher steht als Gewalt der Waffen.

Aus der Gefangenschaft

Mord durch Mord zu sühnen, ist unmöglich. Rache oder Sühne mögen eine Gier befriedigen, aber den Frieden zu schaffen oder die Menschheit auf eine höhere Stufe zu heben, das vermögen sie nicht. *Harijan, 18. 8. 1946*

Wenn Indien sein Vertrauen auf das Schwert setzt, wird für mich die Stunde der Prüfung gekommen sein. Ich hoffe, daß ich dann nicht versage. Meine Religion kennt keine Landesgrenzen. Wenn in mir der Glaube lebendig ist, wird er sogar meine Liebe zum Vaterland übersteigen. *Young India, 11. 08. 1920*

Ich habe die Hoffnung aufgegeben, 125 Jahre alt zu werden... Ich habe nicht den Wunsch zu leben, wenn Indien, wie es jetzt zu geschehen droht, in einer Flut von Gewalt versinkt. Da gibt es den konfessionellen Wahnwitz, und da gibt es Gerüchte über Militarisierung und Industrialisierung. Mag sein, daß Indien eine erstrangige Militärmacht und ein hochindustrialisiertes Land wird. Aber wo bleiben in einem solchen Indien... die Symbole der Gewaltlosigkeit? *Harijan, 8. 6. 1947*

Nehmen wir an, jemand würde mich töten, so gewinnt ihr nichts, wenn ihr, um es zu vergelten, jemanden tötet. Und wenn ihr darüber nachdenkt, wer kann Gandhi töten außer Gott? Niemand kann die Seele vernichten. Wollen wir darum alle Gedanken an Rache aus unseren Herzen vertreiben. *Harijan, 17. 11. 1946*

Wer sich umbringen läßt, einfach weil er hilflos ist, von dem kann man nicht sagen, er habe die Prüfung bestanden. Wahrhaft gewaltlos ist einer, der, während er getötet wird, dem Mörder nicht zürnt und sogar Gott um Vergebung für ihn bittet. Die Geschichte überliefert das von Jesus. *Harijan, 28. 4. 1946*

2. *Das Licht in mir*

Das Licht in mir ist beständig und klar. Es gibt keine Rettung für irgendeinen von uns außer durch Wahrheit und Gewaltlosigkeit. Ich weiß, daß der Krieg schlecht ist, ein Ur-Böses. Ich weiß auch, daß er verschwinden muß. Ich glaube bestimmt, daß Freiheit, die durch Blutvergießen oder Betrug erlangt wird, keine Freiheit ist. *Young India, 13. 9. 1928*

Unsere Freiheit bleibt noch zu erringen. Ein neues Programm habe ich nicht. Immer noch glaube ich an das alte, ebenso zuversichtlich oder gar noch zuversichtlicher denn je. Wird doch der Glaube eines Menschen an seine Pläne und Möglichkeiten gerade dann auf die härteste Probe gestellt, wenn er vor sich kein Licht mehr sieht. *Young India, 3. 4. 1924*

In Gewissensfragen gilt das Gesetz der Mehrheit nicht. *Young India, 4. 8. 1920*

Mich von Frau und Kindern zu trennen, eine dauerhafte Stellung abzubrechen und vom Gesicherten ins Ungewisse zu gehen – all das war im Augenblick schmerzlich, aber ich hatte mich an ein ungewisses Leben gewöhnt. Ich finde es verkehrt, Sicherheiten in dieser Welt zu erwarten, wo alles außer Gott, der die Wahrheit ist, ungewiß ist. Alles, was um uns erscheint und geschieht, ist ungewiß, vergänglich. Aber darin ist ein Höchstes Wesen als Gewißheit verborgen, und man wäre gesegnet, könnte man einen Schimmer dieser Gewißheit erhaschen und seinen Lebenswagen daranhängen. Die Suche nach dieser Wahrheit ist das summum bonum des Lebens. *SW I, 74*

Leben als Dienst verstanden ist höchste Kunst und voll wahrer Freude. Wer dienen will ... ist frei von Ärger und Zorn und bleibt ruhig, wenn man ihn belästigt. Sein Dienst trägt den Lohn in sich selbst wie die Tugend. *SW IV, 254.255*

Ich erinnere mich an keinen einzigen Fall, in dem das Gesetz von der Vergeltung des Bösen durch Gutes versagt hätte. Menschen, die mir gänzlich fremd waren, sind durch dieses Gesetz unfehlbar bezwungen worden. In allen Gefängnissen in Südafrika, in die ich kam, behandelten mich die Beamten zunächst sehr unfreundlich. Doch immer änderten sie schließlich ihr Benehmen, weil ich nie Gleiches mit Gleichem vergalt. Auf ihre Unfreundlichkeit antwortete ich mit Zuvorkommenheit, freilich ohne es zu unterlassen, mich gegen Ungerechtigkeiten zu wehren. Meine mehrmaligen Aufenthalte in südafrikanischen Gefängnissen waren vielmehr ein anhaltender und zumeist erfolgreicher Kampf gegen Ungerechtigkeit. Und die Erfahrungen, die ich danach in Indien gemacht habe, waren erst recht eine Bestätigung des Wertes und der Schönheit gewaltlosen Betragens. *Aus der Gefangenschaft*

Ich kannte damals nicht das Wesen der Religion oder Gottes, und wie Gott in uns wirkt. Nur undeutlich begriff ich, daß Gott mich in dieser

Sache gerettet hatte. In allen Versuchungen hat er mich gerettet. Ich weiß, daß der Satz »Gott hat mich errettet« heute für mich eine tiefere Bedeutung hat, und doch ist mir, als hätte ich noch immer nicht seinen ganzen Sinn erfaßt. Nur immer reichere Erfahrung kann mir zu vollerem Verstehen helfen. Aber in all meinen Prüfungen – ob geistiger Art, als Anwalt, bei der Leitung von Institutionen und in der Politik – kann ich sagen, daß Gott mich errettet hat. Wenn alle Hoffnung schwindet, »wenn die Helfer versagen und der Trost versiegt«, erfahre ich irgendwie, irgendwoher Hilfe. Bitten, Beten, Andacht sind nicht Aberglaube; es sind realere Tätigkeiten als Essen, Trinken, Sitzen oder Gehen. Es ist keine Übertreibung, zu sagen, daß sie allein wirklich, alles andere unwirklich seien. *SW I, 106*

Wir hatten keine Verluste an Menschenleben durch Schlangenbisse. Mit den Augen des Glaubens sehe ich hierin die Hand des erbarmenden Gottes. Möge keiner räsonieren, Gott könne niemals Partei ergreifen, und er habe keine Zeit, sich in den Alltagskram der Menschen einzumischen. Ich habe keine andere Sprache, den Sachverhalt auszudrücken und meine entsprechende Erfahrung zu beschreiben. Die menschliche Sprache kann die Wege Gottes nur unvollkommen beschreiben... sie sind unerforschlich. Doch wenn ein sterblicher Mensch es dennoch wagen will, hat er kein besseres Medium als seine eigene unartikulierte Sprache. Wenn das Aberglauben sein soll, daß ich es nicht dem Zufall zuschreibe, sondern eine Gnade Gottes darin erblicke, daß wir fünfundzwanzig Jahre vollständig unangreifbar und unverletzt blieben, obwohl wir uns weitgehend an die Regel des Nichttötens hielten, so würde ich dennoch an diesem Aberglauben festhalten. *SW II, 641*

Das härteste Herz und die grobschlächtigste Unwissenheit müssen zurückweichen vor der aufgehenden Sonne eines Leidens, das ohne Zorn und ohne Arg ist. *Young India, 19. 2. 1925*

3. Wer ist der Sieger?

Die Menschheit hat die wahre Kunst der Selbstverteidigung noch nicht gelernt. Große Lehrmeister aber, die ihre Lehren auch selbst in die Tat umsetzen, haben eindrucksvoll gezeigt, daß wahre Verteidigung in der Nichtvergeltung besteht.

Gewalt zieht ihre Nahrung aus der Gegengewalt. Der Angreifer führt immer etwas im Schild. Er will, daß der Verteidiger etwas tut oder ihm etwas ausliefert. Wenn indes der Verteidiger starken Herzens sich entschließt, keinen Schritt zurückzuweichen, und wenn er sich gleichzeitig nicht dazu verführen läßt, die Gewalt des Angreifers mit Gewalt zurückzuschlagen, so mag es sein, daß dieser bald einsieht, es lohnt sich nicht, den andern zu strafen, und sein Wille läßt sich so nicht beugen. Dies würde allerdings Leiden miteinschließen. Reines Selbst-Opfer war schon früher die letzte Form der Selbstverteidigung, die sich auf kein Nachgeben einläßt.

Wie kann das dann noch Selbstverteidigung heißen, könnte man fragen, wenn doch bei solcher Art Nichtwiderstand der Verteidiger Gefahr läuft, sein Leben zu verlieren. Jesus hat sein Leben am Kreuz verloren, und der Römer Pilatus hat gesiegt. Hat er wirklich? Nein. Jesus war der Sieger, wie die Weltgeschichte reichlich beweist. *Harijan, 31. 8. 1947*

Die Macht der Liebe und des Mitleids ist unendlich stärker als die Macht der Waffen.

Hind Swaraj, 1946

Gewaltlosigkeit meint nicht Verzicht auf allen Kampf gegen das Böse. Vielmehr ist der gewaltlose Kampf gegen die Bosheit, wie ich ihn verstehe, zielsicherer als die Wiedervergeltung, die doch ihrer Beschaffenheit nach das Böse noch vermehrt... Die Schneide am Schwert des Tyrannen suche ich stumpf zu machen, weil ich nicht mit einem noch schärferen Schwert pariere, sondern seine Hoffnung auf meinen physischen Widerstand enttäusche. Der geistige Widerstand, den ich leiste, vereitelt die Pläne des Gegners. Erst verwirre ich ihn und alsdann nötige ich ihm Anerkennung ab, und zwar eine, die ihn nicht erniedrigt, sondern erhöht. *Young India, 8. 10. 1925*

Es mag sein, daß ich zu meinen Lebzeiten keinen Erfolg habe, aber mein Glaube, daß der Sieg nur durch Nichtgewalt kommen kann, ist stärker denn je... Ich bin hierher gekommen, um diesen Glauben Frucht bringen zu lassen, und bei diesem Vorgehen zu sterben, wenn das Gottes Wille ist. Soll Nichtgewalt etwas taugen, so muß sie angesichts feindlicher Mächte wirken. *Harijan, 20. 3. 1937*

Bevor ein Kind mit dem Alphabet und anderem Wissen von der Welt befaßt wird, sollte es lernen, was die Seele ist, was Wahrheit und Liebe sind, welche Kräfte in der Seele schlummern. Wesentlicher Teil der Bildung müßte sein, daß das Kind unterwiesen wird, wie man im Lebenskampf Haß durch Liebe, Unwahrheit durch Wahrheit, Gewalt durch eigenes Leiden besiegt. *Sarvodaya*

Gewaltlosigkeit geht nicht ohne Demut. Ich habe die Erfahrung gemacht, daß ich mich immer, wenn ich gewaltlos handelte, geleitet und unterstützt fühlte durch die höhere Weisung einer unsichtbaren Macht. Hätte ich mit meinem eigenen Willen allein zurechtkommen müssen, so hätte ich jämmerlich versagt. Als ich das erste Mal ins Gefängnis mußte, befiel mich das Grausen. Ich hatte Schlimmes gehört über das Leben im Gefängnis. Aber nun vertraute ich auf den Schutz Gottes. Die Erfahrung hat uns später gezeigt, daß Menschen, die mit dem Geist des Gebets ins Gefängnis wanderten, als Sieger herauskamen, wohingegen solche, die im Vertrauen auf ihre eigene Kraft hineingingen, versagt haben. Es hat nichts mit Selbstbemitleidung zu tun, wenn man sagt, Gott ist meine Stärke. *Harijan, 28. 1. 1939*

VI

Fürchtet euch nicht

1. *Euer Feind ist die Furcht*

Euer ärgster Feind ist die Furcht. Sie zerfrißt das Leben dessen, der sich von Terror einschüchtern läßt, wie auch das Leben des Terroristen. Dieser fürchtet etwas in seinem Opfer – vielleicht seine ihm fremde Religion oder seinen Reichtum. Die zweite Art Furcht kennt man unter dem Namen Gier. Wenn ihr der Sache nachspürt, werdet ihr merken, daß Gier eine Spielart von Furcht ist. Aber noch nie hat es einen Menschen gegeben, nie wird es einen geben, der einen andern einzuschüchtern vermöchte, dessen Herz von Furcht befreit ist. Warum kann man den Furchtlosen nicht einschüchtern? Ihr werdet sehen, daß Gott immer auf der Seite des Furchtlosen ist. Darum laßt uns ihn allein fürchten und bei ihm Schutz suchen. Alle sonstige Furcht wird dann von selbst verschwinden. *Harijan, 8. 12. 1946*

Wenn ein Mensch Furcht hat, so verrät er damit, daß er den Glauben an Gott verloren hat. Nur der baut auf seine physische Kraft, der keinen oder fast keinen Glauben an Gottes Gegenwart aufbringt. *Young India, 18. 9. 1924*

Diese Fragen, ob man Waffen tragen soll oder nicht, sind falsch gestellt. Die Menschen sollen es sich zur natürlichen Gewohnheit machen, unabhängig zu sein. Wer sich auf die zentrale Lehre besinnt, daß der wahre und wirkliche Widerstand in der Gewaltlosigkeit liegt, der wird sich demgemäß verhalten. Das Verhalten der Welt entspricht unwillkürlich ihrer Einsicht. Weil es ihr am höchsten Mut fehlt, der aus der Gewaltlosigkeit stammt, darum bewaffnet sie sich bis hin zur Atombombe. Wer nicht einsieht, daß die Gewalt vergeblich ist, wird folgerichtig sich mit Waffen eindecken, wie es in seiner Macht steht. *Harijan, 9. 2. 1947*

Gewaltlosigkeit ist für mich nicht nur ein philosophisches Prinzip. Sie ist das Gesetz und der Atem meines Lebens. Ich weiß, ich mache vieles falsch, manchmal bewußt, öfter unbewußt. Das ist nicht Sache des Verstandes, sondern des

Herzens. Sichere Führung wird einem zuteil durch beständiges Warten auf Gott, durch tiefe Demut, durch Selbstverleugnung und durch die Bereitschaft, sich selbst zu opfern. Diese Haltung erfordert Furchtlosigkeit und allerhöchsten Mut. Ich bin mir meines Versagens schmerzlich bewußt. *Young India, 13. 9. 1928*

2. *Furcht führt zu Mißtrauen*

Wer Liebe zu mir empfindet, möge sie fortan dadurch beweisen, daß er jene Einigung fördert, die wir alle ersehnen. Ich weiß, die Aufgabe ist schwer, aber nichts ist unbezwinglich, wenn wir den lebendigen Glauben an Gott haben. Ihm wollen wir uns zuwenden, im Bewußtsein unserer Schwachheit, und er wird uns sicher helfen. Schwachheit führt zu Furcht und Furcht zu Mißtrauen. Moslems und Hindus, wir alle wollen unsere Furcht bezwingen. Denn, wenn auch nur eine der beiden Parteien von ihrer Furcht abläßt, muß der Streit aufhören. *An Maulana Mahomed Ali, 8. 2. 1924*

Ich glaube daran, daß mitten in dem Blutvergießen, den Folterungen und Ränkespielen, die im Westen überhandnehmen, die Menschheit still aber unaufhaltsam einer besseren Zeit entgegengeht. Wenn Indien kraft der Einheit zwischen Hindus und Moslems und auf gewaltfreiem Wege, nämlich zu reiner Selbstaufopferung bereit, wahrhaft Unabhängigkeit und Selbstausdruck gewinnt, wird es einen Weg bahnen können, der aus dem lastenden Dunkel herausführt. *Young India 6. 10. 1920*

Da Gewaltlosigkeit eine Waffe der Starken ist, kann sie beim Schwachen leicht zur Heuchelei geraten. Furcht und Liebe widersprechen einander. Liebe verschwendet sich wagemutig und kümmert sich nicht darum, was sie dafür empfängt. Liebe kämpft mit der Welt wie mit dem Selbst und unterordnet sich alle anderen Gefühle. Meine tägliche Erfahrung wie auch die meiner Mitarbeiter ist, daß jedes Problem sich aufzulösen beginnt, wenn wir uns entschieden haben, das Gesetz der Wahrheit und Gewaltlosigkeit zum Gesetz unseres Lebens zu machen. *The Nation's Voice*

3. Abschied nehmen von der Furcht

Ein Satyagrahi (ein Anhänger der Gewaltlosigkeit) hat von der Furcht Abschied genommen. Er wagt es, dem Gegner Vertrauen zu schenken. Auch wenn ihn der Gegner zwanzigmal enttäuscht, ist der Satyagrahi bereit, ihm das einundzwanzigste Mal zu vertrauen.

Gefängnis von Sabarmati, 1928

Während andere auf den Versammlungen ihre Meinungen äußerten, saß ich völlig schweigend da. Nicht als hätte es mich nie zum Reden gedrängt. Aber ich war in Verlegenheit, wie ich mich ausdrücken sollte. Alle übrigen Teilnehmer schienen mir besser unterrichtet zu sein als ich. Auch kam es oft vor, daß gerade dann, wenn ich meinen Mut zum Sprechen zusammengerafft hatte, das Thema gewechselt wurde.

Erst in Südafrika bezwang ich diese Schüchternheit, obwohl ich sie nie ganz überwunden habe. Es war mir unmöglich, ohne niedergeschriebenen Text zu sprechen. Wann immer ich einem fremden Publikum gegenübertreten sollte, bekam ich Hemmungen, und ich vermied es zu sprechen, wo ich nur konnte.

SW I, 87.91

Mein Debüt als Anwalt:

Ich erschien für den Beklagten und daher mußte ich die Zeugen des Klägers ins Kreuzverhör nehmen. Ich erhob mich, aber mir sank mein Herz in die Schuhe. Mir drehte sich alles im Kopf und der ganze Gerichtshof schien sich mitzudrehen. Ich konnte an keine Frage denken, die ich stellen sollte. Der Richter muß gelacht haben und die Rechtskonsulenten genossen das Spektakel. Aber ich sah schon überhaupt nichts mehr. *SW I, 138f*

Ich muß sagen, daß meinc konstitutionelle Schüchternheit mir durchaus nicht zum Nachteil war, davon abgesehen, daß sie mich gelegentlich dem Gelächter preisgab. Ich sehe in ihr jetzt nur noch Vorteile. Meine Hemmung im Reden, die früher eine Last war, ist nun mein Belieben. Ihre größte Wohltat war, daß sie mich gelehrt hat, mit Worten zu sparen. Es hat sich bei mir die Gewohnheit herausgebildet, meine Gedanken unter Kontrolle zu halten. Und ich kann mir jetzt das Zeugnis ausstellen, daß kaum einmal ein gedankenloses Wort meiner Zunge oder meiner Feder entschlüpft.

SW I, 91

Erfahrung hat mich gelehrt, daß Schweigen zur spirituellen Disziplin dessen gehört, der für die Wahrheit eintritt. Der Hang zum Übertreiben, zur absichtlichen oder unabsichtlichen Unterdrückung oder Verzerrung der Wahrheit ist eine natürliche Schwäche des Menschen, und Schweigen ist notwendig, um sie zu überwinden...

So viele Leute reißen sich ums Reden auf Versammlungen... und die meisten Redner überschreiten dann ihre Redezeit. All dieses Gerede kann schwerlich der Welt von Nutzen sein. Es ist sehr viel Zeitvergeudung. Meine Schüchternheit war in der Tat mein Schirm und Schild. Sie hat mir erlaubt zu wachsen. Sie hat mir bei meiner Erkenntnis der Wahrheit geholfen.

SW I, 91 f

Mein Ideal wäre es, furchtlos mit Schlangen und Skorpionen spielen zu können. Bis jetzt kann ich nur davon träumen. Ob und wann es Wirklichkeit wird, weiß ich nicht. Notfalls waren meine Leute angewiesen, beide zu töten. Ich hätte es ihnen untersagen können, wenn ich gewollt hätte. Doch wie konnte ich es? Ich hatte nicht den Mut, die Tiere mit eigener Hand aufzuheben und meinen Leuten ein Beispiel von Furchtlosigkeit zu geben. Ich bin beschämt, daß ich es nicht vermochte. Doch das hilft nichts. *Harijan, 9. 6. 1946*

4. Mut, das Rettende zu tun

Keine große, weitreichende Bewegung läßt sich ohne Risiken zum Ziel führen, und ein Leben ist nicht lebenswert, wenn ihm Wagnisse und Gefahren erspart bleiben. Zeigt uns nicht die Weltgeschichte, daß es die großen Wagnisse waren, die dem Leben Reiz und Poesie verleihen? Es ist ein Zeichen von Degeneration, wenn herausragende Menschen, Stützen der Gesellschaft, fassungslos und aufgebracht die

Hände ringen, kaum daß sich eine Gefahr auch nur von ferne zeigt. *Young India, 15. 12. 1921*

Mein Glaube an die Gewaltlosigkeit verpflichtet mich zu äußerster Entschlossenheit. Da bleibt kein Raum für Feigheit oder Schwäche. Bei dem Gewalttätigen besteht immer noch Hoffnung, daß er eines Tages zur Gewaltlosigkeit findet, beim Feigling aber nicht.

Young India, 16. 6. 1927

Ich kann mir einen schwerbewaffneten Mann vorstellen, der doch in seinem Herzen feige ist... Echte Gewaltlosigkeit ist unmöglich, wenn man nicht furchtlos ist. *Harijan, 15. 7. 1939*

Unbeherrschte Begierde frißt sich wie ein Gift in unsere Eingeweide. Manche Menschen mögen bezweifeln, daß wir dieser Knechtschaft je entrinnen können. Dieses Buch wurde aber nicht für solche geschrieben, die den Zweifel im Herzen herumtragen, sondern für die, denen der Mut nicht ausgeht, Rettendes zu tun.

Navajivan, 5. 6. 1924

Quellenhinweis

The Selected Works of Mahatma Gandhi, 6 Bände. Navajivan Publishing House, Ahmedabad 1968 (abgekürzt: SW).

M. K. Gandhi, Non-Violence in Peace and War, Vol. I. Navajivan Publ. House, Ahmedabad [1]1942.

M. K. Gandhi, From Yeravda Mandir (Gefängnis), Navajivan Publ. House, Ahmedabad 1956; und in: The Selected Works, Vol. IV.

M. K. Gandhi, The Nation's Voice. Navajivan Publ. House, Ahmedabad 1958.

M. K. Gandhi, Satyagraha in South Africa. Navajivan Publ. House, Ahmedabad 1950; und in: The Selected Works, Vol. III.

Gandhiji's View of Life. Hg. v. Chandrashanker Shukla Bharatiya Vidya Bhavan. Bombay 1954.

Harijan (1933–1956): Englische Wochenzeitung; erschien in Ahmedabad.

Young India (1919–1931): Englische Wochenzeitung; erschien ab Oktober 1919 unter Gandhis Leitung in Ahmedabad.